SET1

중국어 | 청해
독해

청해

지금부터 중국어 청해력 시험을 시작하겠습니다. 이 시험은 객관식이며 문항수는 50개이고 네 부분으로 구성되어 있습니다. 먼저 각 부분의 시험방식을 우리말로 두 번 들려 드리고 각 문항의 문제는 두 번, 선택지는 한 번 들려 드립니다. 즉, 두 번 들려 드리는 문제를 잘 듣고 난 후 a, b, c, d의 선택지 중에 정답을 골라 답안지에 표시하십시오. 그러면 지금부터 문제를 들려 드리겠습니다. 답안 작성을 시작하십시오.

(1~15) 다음 문장을 듣고 자연스러운 대화를 이룰 수 있는 가장 적절한 응답을 고르세요.

01. 답안지에 정답을 표시하시오. (a) (b) (c) (d)
02. 답안지에 정답을 표시하시오. (a) (b) (c) (d)
03. 답안지에 정답을 표시하시오. (a) (b) (c) (d)
04. 답안지에 정답을 표시하시오. (a) (b) (c) (d)
05. 답안지에 정답을 표시하시오. (a) (b) (c) (d)
06. 답안지에 정답을 표시하시오. (a) (b) (c) (d)
07. 답안지에 정답을 표시하시오. (a) (b) (c) (d)
08. 답안지에 정답을 표시하시오. (a) (b) (c) (d)
09. 답안지에 정답을 표시하시오. (a) (b) (c) (d)
10. 답안지에 정답을 표시하시오. (a) (b) (c) (d)
11. 답안지에 정답을 표시하시오. (a) (b) (c) (d)
12. 답안지에 정답을 표시하시오. (a) (b) (c) (d)
13. 답안지에 정답을 표시하시오. (a) (b) (c) (d)
14. 답안지에 정답을 표시하시오. (a) (b) (c) (d)
15. 답안지에 정답을 표시하시오. (a) (b) (c) (d)

(16~30) 다음 대화를 듣고 자연스러운 대화를 이룰 수 있는 가장 적절한 응답을 고르세요.

16. 답안지에 정답을 표시하시오. (a) (b) (c) (d)
17. 답안지에 정답을 표시하시오. (a) (b) (c) (d)
18. 답안지에 정답을 표시하시오. (a) (b) (c) (d)
19. 답안지에 정답을 표시하시오. (a) (b) (c) (d)
20. 답안지에 정답을 표시하시오. (a) (b) (c) (d)

21. 답안지에 정답을 표시하시오. (a) (b) (c) (d)

22. 답안지에 정답을 표시하시오. (a) (b) (c) (d)

23. 답안지에 정답을 표시하시오. (a) (b) (c) (d)

24. 답안지에 정답을 표시하시오. (a) (b) (c) (d)

25. 답안지에 정답을 표시하시오. (a) (b) (c) (d)

26. 답안지에 정답을 표시하시오. (a) (b) (c) (d)

27. 답안지에 정답을 표시하시오. (a) (b) (c) (d)

28. 답안지에 정답을 표시하시오. (a) (b) (c) (d)

29. 답안지에 정답을 표시하시오. (a) (b) (c) (d)

30. 답안지에 정답을 표시하시오. (a) (b) (c) (d)

(31~40) 다음 대화를 잘 듣고 제시하는 질문에 대한 가장 적절한 응답을 고르세요.

31. 답안지에 정답을 표시하시오. (a) (b) (c) (d)

32. 답안지에 정답을 표시하시오. (a) (b) (c) (d)

33. 답안지에 정답을 표시하시오. (a) (b) (c) (d)

34. 답안지에 정답을 표시하시오. (a) (b) (c) (d)

35. 답안지에 정답을 표시하시오. (a) (b) (c) (d)

36. 답안지에 정답을 표시하시오. (a) (b) (c) (d)

37. 답안지에 정답을 표시하시오. (a) (b) (c) (d)

38. 답안지에 정답을 표시하시오. (a) (b) (c) (d)

39. 답안지에 정답을 표시하시오. (a) (b) (c) (d)

40. 답안지에 정답을 표시하시오. (a) (b) (c) (d)

(41~50) 다음 글을 듣고 제시하는 질문에 대한 가장 적절한 답을 고르세요.

41. 답안지에 정답을 표시하시오. (a) (b) (c) (d)

42. 답안지에 정답을 표시하시오. (a) (b) (c) (d)

43. 답안지에 정답을 표시하시오. (a) (b) (c) (d)

44. 답안지에 정답을 표시하시오. (a) (b) (c) (d)

45. 답안지에 정답을 표시하시오. (a) (b) (c) (d)

46. 답안지에 정답을 표시하시오. (a) (b) (c) (d)

47. 답안지에 정답을 표시하시오. (a) (b) (c) (d)

48. 답안지에 정답을 표시하시오. (a) (b) (c) (d)

49. 답안지에 정답을 표시하시오. (a) (b) (c) (d)

50. 답안지에 정답을 표시하시오. (a) (b) (c) (d)

독해

독해시험은 총 50문항으로 구성되어 50분 내에 풀도록 되어 있습니다. 문제를 읽고 답을 선택하십시오.

문제 1~4
다음 대화문의 빈칸에 들어갈 가장 적절한 표현을 고르시오.

1. A：听说你上星期去中国了？
B：对，去了三______。

(a) 天
(b) 年
(c) 个
(d) 下

2. A：周末有空儿的话，咱们去看场电影吧。
B：好啊，________没事儿。

(a) 不过
(b) 一定
(c) 正好
(d) 可是

3. A：你怎么来了？
B：老师______我来的。

(a) 让
(b) 为
(c) 把
(d) 被

4. A：这儿卖牛奶吗？

B：卖______。

(a) 呢
(b) 啊
(c) 不
(d) 着

문제 5~8
다음 문장의 빈칸에 들어갈 가장 적절한 표현을 고르시오.

5. 要是明天再没有消息，咱们就______想别的办法离开这里。

(a) 得
(b) 非
(c) 能
(d) 将

6. 手机修好后，存在手机里的照片和电话号码不会丢失，可是短信就保不______了。

(a) 上
(b) 去
(c) 到
(d) 住

7. 中秋节回了趟老家。阔别多年，老家发生了翻天覆地的变化，要不是姐姐来接，我还真就找不到自家老屋______。

(a) 的
(b) 了
(c) 来
(d) 嘛

8. 实践证明，被动地接受知识不利于学生的成长和开发独立思考的能力。优秀人才的培养，应着重于鼓励学生提自己的问题、谈自己的想法，__________养成思考、交流的习惯。

(a) 以便
(b) 便于
(c) 以至
(d) 至于

문제 9
다음 대화에서 어법상 틀리거나 어색한 부분을 고르시오.

9. (a) A：别吃了，再吃还睡不着了。
(b) B：我才吃了一口。
(c) A：这是第二碗！
(d) B：唉，真是活受罪！

문제 10
다음 글에서 어법상 틀리거나 어색한 부분을 고르시오.

10. ⒜ 近日，受南下冷空气影响，回旋在我市上空的暖湿气流将向南移动，⒝ 预计未来一周我市将告别连日阴雨，天气晴好。⒞ 今年8月，我市多雨又凉爽。不过夏天还难告结束，气象入秋的标准是连续九天日平均气温低20℃，⒟ 在此之前，我市会否有台风“反扑”，还需拭目以待。

문제 11~15
다음 대화문의 빈칸에 들어갈 가장 적절한 표현을 고르시오.

11. A：你每天________来学校啊？
B：坐地铁。

⒜ 什么
⒝ 怎么
⒞ 多少
⒟ 多远

12. A：喜欢打篮球吗？
B：喜欢看，但不会______。

⒜ 做
⒝ 踢
⒞ 写
⒟ 打

13. A：今天补课，小王怎么没来呀？

B：他________忘了。

(a) 所以
(b) 肯定
(c) 虽然
(d) 担心

14. A：知道“马大哈”是什么意思吗？

B：你可别门缝里看人啊。这谁不________啊！

(a) 观察
(b) 了解
(c) 认识
(d) 知道

15. A：老人家，别客气，您先来吧。

B：那哪儿行啊，得有个__________嘛。

(a) 先礼后兵
(b) 先斩后奏
(c) 先来后到
(d) 先知先觉

문제 16~20
다음 글의 빈칸에 들어갈 가장 적절한 표현을 고르시오.

16. 爬山是一种比较受现代都市人喜爱的户外________。

(a) 用品
(b) 装备
(c) 活动
(d) 球场

17. 汽车、飞机等交通工具是现代生活中不可缺少的一部分，它们拉近了人与人之间的________。

(a) 差异
(b) 生活
(c) 距离
(d) 沟通

18. 二战期间，英国在人力和物力方面都________了巨大损失，国家债务为战前十倍，丧失了在国际贸易中的竞争力。

(a) 遭受
(b) 接受
(c) 感受
(d) 忍受

19. 据报道，中国房企海外融资成本不断增加。有业内人士指出，如果国际融资成本因美联储（美国联邦储备委员会）升息而显著增加，中国房地产企业的资金压力将________。

(a) 减缓
(b) 减轻
(c) 凸起
(d) 凸显

20. 周末，秋风吹拂，落叶飘逸。位于市政府广场附近的世宗大道，金秋景色渐入佳境，缤纷的银杏迷倒了不少赶来赏叶的________。

(a) 影迷
(b) 市民
(c) 顾客
(d) 观众

문제 21~35
다음 글을 읽고 빈칸에 들어갈 가장 알맞은 표현을 고르시오.

21. 商学专业是目前最受人们欢迎的专业。现在的大学生，不论男女都喜欢选择进入商学院学习。原因很简单，那就是商学院毕业后比较容易找到＿＿＿＿＿＿＿＿。

(a) 理想的工作
(b) 旅游的机会
(c) 学习的同伴
(d) 良好的环境

22. 中国人买东西有讲价的习惯，但不是什么地方都可以讲。比如，一般在一些小商店或市场里可以讲价，但在大型的购物中心＿＿＿＿＿＿＿。

(a) 就不行了
(b) 就好说了
(c) 就便宜了
(d) 就不买了

23. 泰山位于山东省泰安市中部。主峰玉皇顶海拔1545米，气势雄伟磅礴，素称"＿＿＿＿＿＿＿"。

(a) 鱼米之乡
(b) 礼仪之邦
(c) 海味之冠
(d) 五岳之首

24. 打开汉语词典，我们就会发现，许多词条下面都有__________，越是常用的词，这种多义性就越明显。

ⓐ 很多个生词
ⓑ 数十篇文章
ⓒ 好几种意义
ⓓ 几十种办法

25. 现在的家长，只看重孩子的智力培养，而不重视孩子的心理健康和生理健康，忽视眼保健，就是其中的__________。

ⓐ 一种表现
ⓑ 几个孩子
ⓒ 两个方面
ⓓ 多种影响

26. 演唱会的门票特别贵，这20张免费门票可是__________。

ⓐ 极尽全力改善的
ⓑ 极尽全力坚持的
ⓒ 好不容易弄到的
ⓓ 好不容易调低的

27. 金融危机改变了当今世界的经济格局，这对中国是机遇更是挑战！中国要用新的眼光和开放的姿态来审时度势，不断地从横向比较和纵向比较中＿＿＿＿＿＿＿＿＿＿＿＿＿。

(a) 补充修订了法律条款
(b) 具备敢于探索的精神
(c) 对自己进行角色定位
(d) 回归历史本来的面目

28. 俄罗斯国家收入的50%来自石油出口，油价下跌对它造成的冲击不言而喻。目前受西方国家制裁和投资外流影响，俄罗斯经济已显疲态，油价下跌会＿＿＿＿＿＿＿＿＿。

(a) 更让其雪上加霜
(b) 阻止其恶性发展
(c) 更显其强势一面
(d) 展现其繁荣一面

29. 最近，因座位而产生的争吵日渐增多。敬老与爱幼是相辅相成的，尊重与理解也同样应该是双向的。正所谓“爱人者人恒爱之，敬人者人恒敬之”，此类让座风波也应在相互的理解和尊重中＿＿＿＿＿＿＿＿。

(a) 推到边缘
(b) 发生纠纷
(c) 得以平息
(d) 缓解压力

30. 如今，越来越多的中国人意识到健康包括两个方面，即心理健康和生理健康。随着生活节奏的加快和压力的增加，心理健康也开始受到人们________。

(a) 不少的咨询
(b) 更多的关注
(c) 极大的影响
(d) 加倍的关心

31. 按照中国铁路总公司近日发布的新规，对开车前15天以上退票的，不收取退票费。铁路部门主要考虑的是，15天为车票再次销售留出了比较充分的时间，铁路公共资源能够得到________。

(a) 较多的转让次数
(b) 较多的空余座席
(c) 比较快捷的渠道
(d) 比较充分的利用

32. 市民在使用煤气灶之后，普遍不关安全阀，殊不知如此会造成煤气泄漏，在不经意间酿成火灾。因此，消防部门告诫市民，不要因疏忽大意，让悲剧________。

(a) 有机可乘
(b) 有法可依
(c) 无事可干
(d) 无处可寻

33. 国家所属汽车集团在今年第一季度的净利润高达11.3亿元，而到第二季度结束的上半年，就变成了亏损1亿元，第二季度的业绩急转直下__________。

(a) 遥不可及
(b) 敬而远之
(c) 无影无踪
(d) 可见一斑

34. 人类的摄影史开始于十九世纪中叶，一百多年来，摄影家们为了找寻瞬间的震撼而不断跋涉。快门按下了，作为已经过去的瞬间就死了，但作为一种心灵和历史的存在，它却永远活着，__________摄影的神秘和魅力所在。

(a) 所以说
(b) 这就是
(c) 赋予着
(d) 肯定是

35. 熬过“苦夏”，秋天的一丝凉爽拂过心田，人们的食欲也开始跟着逐渐好转，此时大家会主动或被动地贴秋膘。不过专家提醒人们切莫操之过急。因为此时人的胃肠功能较弱，如果吃太多的肉类等高蛋白食品，会增加肠胃负担，影响胃肠功能。因此吃肉要适当，________等到天真正凉下来以后，再多增加肉食。

(a) 不宜
(b) 仍然
(c) 最好
(d) 将来

문제 36~50
다음 글을 읽고 주어진 질문에 대한 가장 알맞은 답을 고르시오.

36. 近日我市将迎来大风降温天气，昨日我市最低气温仅为-1℃。气象专家表示，预计未来5天日平均气温都在5℃以下，望市民出行注意保暖。

问：上文是一段介绍什么的文字？

(a) 历史
(b) 人物
(c) 天气
(d) 地理

37. 最近的年轻人大多喜欢与众不同，婚礼也办得很有个性。什么自行车婚礼啦，热气球婚礼啦，海洋婚礼啦等等，这些打破了传统的婚礼形式，非常有特色。

问：上文主要介绍了什么？

(a) 新郎和新娘
(b) 婚礼新形式
(c) 热气球之旅
(d) 大自然美景

38. 小李这个寒假打算和同学一起去旅行。因为来中国以前他就听人说杭州很美，于是他们打算先去杭州看看。

问：小李寒假打算做什么？

(a) 去杭州转转
(b) 去中国学习
(c) 跟人去打工
(d) 跟朋友回国

39. 川菜，是中国四大菜系之一，也是最有特色的菜系，起源于四川地区，以麻、辣、鲜、香为特色。川菜取材广泛，风格朴实清新，具有浓厚的乡土气息。代表菜品有鱼香肉丝、麻婆豆腐等等。

问：有关川菜，下面哪一项正确？

(a) 被划分成四大流派
(b) 是四川地区的菜肴
(c) 以酸甜、清淡为主
(d) 豆类是其主要食材

40. 小王今年暑假里忙着招待客人、写论文，一点儿没休息着。开学三天了，一周八节课他讲起来都觉得有点儿累。这下他可算体会到了劳逸结合的重要性。

问：根据上文，有关小王，我们可以知道什么？

(a) 他每周都要上课
(b) 他们学校还没开学
(c) 他最近一直在家休息
(d) 他现在是边休息边工作

41. 《庄子》里有一个故事，说一个下棋能手棋艺超强，当他用瓦罐和别人做赌注下棋时，无往不胜，可当他用金银做赌注下棋时就从来没赢过。为什么呢？庄子说：外重者内拙。

问：上文给了我们什么样的启示？

(a) 化繁为简难中难
(b) 心无挂碍天地宽
(c) 身正不怕影子斜
(d) 小心驶得万年船

42. 为农民工和城市低收入家庭子女开设的“小荷课堂”很受欢迎。今年6月，农民工子弟学校二年级学生郑爽，经审核筛选，如愿进入了“小荷课堂”舞蹈班。她十分珍惜这次免费学习的好机会，刻苦训练，进步很快。这次在全省青少年艺术表演会上她与同伴一起登台表演，受到了观众的热烈欢迎。

问：根据这段文字，我们可以了解到“小荷课堂”的什么信息？

(a) 没有教师
(b) 不发教材
(c) 不收学费
(d) 只教舞蹈

43. 这房子是新装修的，家具、家电也都是新买的；离车站又很近，交通方便，离您公司也不远，您可以坐公共汽车甚至可以骑自行车上班，把身体也锻炼了。价格还这么实惠，真的很值得考虑。

问：根据上文，关于这房子，下面哪一项正确？

(a) 价格有点儿贵
(b) 离机场比较近
(c) 乘公交很方便
(d) 周围环境优美

44. 谨慎自爱本是美德，但是如果过分，就会变成畏缩无能。在战壕里，战士要是开枪射击，就容易使敌人瞄准他的位置，但是一枪不放的战士又如何立功呢？多做多错少做少错，不做不错。这话确实是经验之谈，但是不做不错的“不错”，到底有什么价值？

问：上文主要想告诉我们什么？

(a) 万事开头难
(b) 做事要谨慎
(c) 不要怕犯错
(d) 要懂得自爱

45. 据报道，美国新一代载人飞船本月5日完成了首次试飞，成功落入预定海域。这艘飞船是继航天飞机后的美国新一代载人航天工具，如测试及工程进度一切顺利，此飞船将于2021年首次载人飞行。

问：读了上文，有关“载人飞船”，我们可以获得什么信息？

(a) 载人首飞成功
(b) 有别于航天飞机
(c) 15日落入预定海域
(d) 将于2021年前往火星

46. “胭脂”体现了古人对美的追求。它其实是一种名叫“红蓝”的花朵，这种花的花瓣中含有红、黄两种色素，将整朵花放在石钵中反复杵槌，淘去黄汁后，就成了鲜艳的红色染料，即“胭脂”。由于胭脂的推广流行，汉代以后，做红妆的妇女与日俱增。

问：根据上文，我们可以知道什么？

(a) 红色染料又名“胭脂”
(b) 红蓝花的栽培始于汉代
(c) 胭脂含有红、蓝两种颜色
(d) 胭脂的主要原料为红蓝花

47. 今天是招聘会的第一天，现场人头攒动，前来招聘的单位都是当地的城镇企业，共提供了适合农村劳动力就业的生产操作、餐饮服务等900多个岗位。当局还在现场设立了劳动合同法法律咨询点，向农民介绍有关签订合同、享受待遇、预防毒品等法规的基本知识。当天达成就业合同的有120多人。

问：根据上文，我们可以了解到什么？

(a) 农民工的待遇比较低
(b) 受聘农民需远离家乡
(c) 招聘单位来自全国各地
(d) 招聘会的对象都是农民

48. 足坛名将梅西在足球名宿们的眼中是那样的朴实无华，即使功成名就，仍一如既往——每年夏天，梅西总会与家人一起回到其位于老家罗萨里奥的老房子里居住。即便老屋长年无人看管，他也从未想过将其转手。

问：读了上文，我们可以想起下面哪句话？

(a) 功成身退，天之道也
(b) 落叶归根，回归自然
(c) 名利俱爱，宠辱皆惊
(d) 初心勿忘，方得始终

49. 在神奇的超低温世界中，金属也会变得面目全非：水银在常温下，是闪耀着银光的液体。可是，你把水银温度计伸进液态空气，水银柱一下子就冻得像一根大头针似的！铅平常是软绵绵的，要直就直，要弯就弯，非常“听话”，可是在超低温世界里，铅变得非常富有弹性，你一松手它就会“倔强”地弹回去恢复原状。

问：下面哪一项适合用来描写铅在超低温世界里的性格？

(a) 百无聊赖
(b) 百孔千疮
(c) 百依百顺
(d) 百折不挠

50. 在浩如烟海的名人轶事中，最出彩的莫过于粤剧名伶邝新华的一则小故事。邝先生70多岁时，有一天，他在台上扮演将军，转战沙场提枪杀敌。怎奈年事已高，两眼昏花，一时没看清，竟误向锣鼓兵那边杀去，全场轰笑，大喝倒彩。邝先生知错，立即按枪疾声道白："不好了！沙尘滚滚，错杀良民，如何是好？"

问：上文讲的是一段什么故事？

(a) 邝新华救场
(b) 邝新华点兵
(c) 名将之反间计
(d) 名将之一言堂

SET2

중국어 | 청해
독해

청해

지금부터 중국어 청해력 시험을 시작하겠습니다. 이 시험은 객관식이며 문항수는 50개이고 네 부분으로 구성되어 있습니다. 먼저 각 부분의 시험방식을 우리말로 두 번 들려 드리고 각 문항의 문제는 두 번, 선택지는 한 번 들려 드립니다. 즉, 두 번 들려 드리는 문제를 잘 듣고 난 후 a, b, c, d의 선택지 중에 정답을 골라 답안지에 표시하십시오. 그러면 지금부터 문제를 들려 드리겠습니다. 답안 작성을 시작하십시오.

(1~15) 다음 문장을 듣고 자연스러운 대화를 이룰 수 있는 가장 적절한 응답을 고르세요.

01.	답안지에 정답을 표시하시오.	(a)	(b)	(c)	(d)
02.	답안지에 정답을 표시하시오.	(a)	(b)	(c)	(d)
03.	답안지에 정답을 표시하시오.	(a)	(b)	(c)	(d)
04.	답안지에 정답을 표시하시오.	(a)	(b)	(c)	(d)
05.	답안지에 정답을 표시하시오.	(a)	(b)	(c)	(d)
06.	답안지에 정답을 표시하시오.	(a)	(b)	(c)	(d)
07.	답안지에 정답을 표시하시오.	(a)	(b)	(c)	(d)
08.	답안지에 정답을 표시하시오.	(a)	(b)	(c)	(d)
09.	답안지에 정답을 표시하시오.	(a)	(b)	(c)	(d)
10.	답안지에 정답을 표시하시오.	(a)	(b)	(c)	(d)
11.	답안지에 정답을 표시하시오.	(a)	(b)	(c)	(d)
12.	답안지에 정답을 표시하시오.	(a)	(b)	(c)	(d)
13.	답안지에 정답을 표시하시오.	(a)	(b)	(c)	(d)
14.	답안지에 정답을 표시하시오.	(a)	(b)	(c)	(d)
15.	답안지에 정답을 표시하시오.	(a)	(b)	(c)	(d)

(16~30) 다음 대화를 듣고 자연스러운 대화를 이룰 수 있는 가장 적절한 응답을 고르세요.

16.	답안지에 정답을 표시하시오.	(a)	(b)	(c)	(d)
17.	답안지에 정답을 표시하시오.	(a)	(b)	(c)	(d)
18.	답안지에 정답을 표시하시오.	(a)	(b)	(c)	(d)
19.	답안지에 정답을 표시하시오.	(a)	(b)	(c)	(d)
20.	답안지에 정답을 표시하시오.	(a)	(b)	(c)	(d)

21. 답안지에 정답을 표시하시오. (a) (b) (c) (d)

22. 답안지에 정답을 표시하시오. (a) (b) (c) (d)

23. 답안지에 정답을 표시하시오. (a) (b) (c) (d)

24. 답안지에 정답을 표시하시오. (a) (b) (c) (d)

25. 답안지에 정답을 표시하시오. (a) (b) (c) (d)

26. 답안지에 정답을 표시하시오. (a) (b) (c) (d)

27. 답안지에 정답을 표시하시오. (a) (b) (c) (d)

28. 답안지에 정답을 표시하시오. (a) (b) (c) (d)

29. 답안지에 정답을 표시하시오. (a) (b) (c) (d)

30. 답안지에 정답을 표시하시오. (a) (b) (c) (d)

(31~40) 다음 대화를 잘 듣고 제시하는 질문에 대한 가장 적절한 응답을 고르세요.

31. 답안지에 정답을 표시하시오. (a) (b) (c) (d)

32. 답안지에 정답을 표시하시오. (a) (b) (c) (d)

33. 답안지에 정답을 표시하시오. (a) (b) (c) (d)

34. 답안지에 정답을 표시하시오. (a) (b) (c) (d)

35. 답안지에 정답을 표시하시오. (a) (b) (c) (d)

36. 답안지에 정답을 표시하시오. (a) (b) (c) (d)

37. 답안지에 정답을 표시하시오. (a) (b) (c) (d)

38. 답안지에 정답을 표시하시오. (a) (b) (c) (d)

39. 답안지에 정답을 표시하시오. (a) (b) (c) (d)

40. 답안지에 정답을 표시하시오. (a) (b) (c) (d)

(41~50) 다음 글을 듣고 제시하는 질문에 대한 가장 적절한 답을 고르세요.

41. 답안지에 정답을 표시하시오. (a) (b) (c) (d)

42. 답안지에 정답을 표시하시오. (a) (b) (c) (d)

43. 답안지에 정답을 표시하시오. (a) (b) (c) (d)

44. 답안지에 정답을 표시하시오. (a) (b) (c) (d)

45. 답안지에 정답을 표시하시오. (a) (b) (c) (d)

46. 답안지에 정답을 표시하시오. (a) (b) (c) (d)

47. 답안지에 정답을 표시하시오. (a) (b) (c) (d)

48. 답안지에 정답을 표시하시오. (a) (b) (c) (d)

49. 답안지에 정답을 표시하시오. (a) (b) (c) (d)

50. 답안지에 정답을 표시하시오. (a) (b) (c) (d)

독해

독해시험은 총 50문항으로 구성되어 50분 내에 풀도록 되어 있습니다. 문제를 읽고 답을 선택하십시오.

문제 1~4
다음 대화문의 빈칸에 들어갈 가장 적절한 표현을 고르시오.

1. A：你看这衣服怎么样？

B：嗯，这______很漂亮。

(a) 件
(b) 张
(c) 页
(d) 片

2. A：你明天去吗？

B：不下雨______去。

(a) 可
(b) 已
(c) 又
(d) 就

3. A：你觉得他人怎么样？

B：他______我很好。

(a) 给
(b) 对
(c) 离
(d) 把

4. A：老王，刚才有电话找你，我帮你留了个纸条。

B：______，这是你留的呀。

(a) 哎
(b) 喂
(c) 哦
(d) 咦

문제 5~8
다음 문장의 빈칸에 들어갈 가장 적절한 표현을 고르시오.

5. 中国有许多大江大河，________长江、黄河、珠江、海河、淮河等，其中最有名的当然是黄河和长江。

(a) 好像
(b) 比如
(c) 可能
(d) 还有

6. 在生活中，人与人之间不可能没有矛盾，遇到问题千万不能冲动，______静下心来，去跟对方认真谈。

(a) 想
(b) 会
(c) 要
(d) 能

7. 彝族的婚礼热闹而有趣，男方家来娶亲时，女方的家人要向新郎泼水，________彝族的风俗认为清水能祛除邪魔。

(a) 因此
(b) 因为
(c) 但是
(d) 可是

8. 有些人最怕的是那种无事可做、没着没落的感觉，因此即便是走路坐车，他们也要掏出手机做点什么，______让自己闲不下来。

(a) 没
(b) 好
(c) 不
(d) 肯

문제 9
다음 대화에서 어법상 틀리거나 어색한 부분을 고르시오.

9. (a) A：你怎么才来了？
(b) B：我又没迟到，你喊什么呀？
(c) A：没迟到？约好九点见面，你看看都几点了？
(d) B：九点五分，不就晚了五分钟嘛！

문제 10
다음 글에서 어법상 틀리거나 어색한 부분을 고르시오.

10. (a) 当代中国，在经济迅猛发展的背后，价值迷茫和观念冲突亦如影相随。(b) 对于很多已经不同程度上富裕起来的当代中国人来说，(c) 有了钱以后还要怎么办？个人的幸福和社会的未来究竟在哪里？(d) 这些关乎个体生命发展和群体历史进程的现实疑惑从而使他们无所适从。

문제 11～15
다음 대화문의 빈칸에 들어갈 가장 적절한 표현을 고르시오.

11. A：下个月咱们公司开运动会，你参加吗？
B：集体活动嘛，当然要________。

(a) 复习
(b) 学习
(c) 参加
(d) 参考

12. A：你最近在忙什么？
B：我在到处找________呢。

(a) 朋友
(b) 工作
(c) 手机
(d) 汽车

13. A：你没有钥匙呀？

B：我还________你有呢，在这儿傻等了你半天。

(a) 以为

(b) 认为

(c) 感觉

(d) 感到

14. A：听说你当选区人大代表了？

B：哎呦，是啊！我一定不会辜负大家对我的________。

(a) 心意

(b) 好意

(c) 责任

(d) 信任

15. A：小张，公司让你明天去北京办事。

B：什么？这也太________了。

(a) 恍惚

(b) 稳定

(c) 突然

(d) 焦急

문제 16~20
다음 글의 빈칸에 들어갈 가장 적절한 표현을 고르시오.

16. 学校附近有家小饭馆儿，环境整洁而舒适，饭菜可口，价格又不贵，所以大学生们都喜欢去那儿________。

(a) 吃饭
(b) 喝水
(c) 买书
(d) 预习

17. 时间不等人，与其叹息逝去的光阴，不如珍惜现在，让平淡的人生增添新的________。

(a) 心情
(b) 财富
(c) 时光
(d) 色彩

18. 现如今中国消费者的自我保护意识正在不断提高，遇到侵犯消费者权益的行为，很多人都会主动投诉，积极________。

(a) 办理
(b) 受理
(c) 维权
(d) 维护

19. 黄连今日又升10元左右，目前干货145元左右，据说产地货少，且求购者较多，________市价趋坚。

(a) 以致
(b) 以便
(c) 以免
(d) 以及

20. 汉字是世界上最古老的文字之一，也是目前世界上唯一仍被广泛使用的文字。汉字根据笔体不同，书写方法也有所不同。汉字书法具有无与伦比的________。

(a) 震撼
(b) 创新
(c) 历史
(d) 美感

> 문제 21~35
> 다음 글을 읽고 빈칸에 들어갈 가장 알맞은 표현을 고르시오.

21. 中国是“饮食王国”，饮食品种多，历史也悠久。中国饮食和法国、土耳其饮食一起被称为“____________”。

(a) 世界三大饮食
(b) 世界四大文明
(c) 世界五大饮料
(d) 世界七大奇迹

22. 本人欲觅一间13平方米以上的住房，要有厨具、淋浴、宽带上网等配套设施，最好还有洗衣机、冰箱、空调、电视等＿＿＿＿＿＿。

(a) 高档卫浴
(b) 进口家具
(c) 家用电器
(d) 电子商务

23. 他喜欢冬天出去旅游，每年寒假他都要出去走走。今年他来到了山东济南，发现这里的冬天有很多别的地方没有的特点，景色＿＿＿＿＿＿，实在值得一游。

(a) 十分美丽
(b) 非常活泼
(c) 特别生动
(d) 比较丰富

24. 大熊猫是中国的国宝，它珍贵、祥和，寥寥黑白两色搭配出可爱和易记的形象，曾代表中国“出使”各地传播友谊，许多外国人只要一看到大熊猫，就肯定会＿＿＿＿＿＿。

(a) 感到吃惊
(b) 想到中国
(c) 觉得可怜
(d) 喜爱动物

25. “____________”是做人的原则。爱说话的人，往往只顾释放自己的压力，而少了一份对他人的理解，时间久了，不堪重负的朋友自然就会越离越远。

(a) 大公无私
(b) 少说多听
(c) 勤俭节约
(d) 守时守信

26. 锦标赛的角逐通常是残酷的，从各地高手中挑选出的参赛选手，实力大体相当，所以一般竞争会____________。

(a) 热烈欢迎
(b) 全面调整
(c) 格外激烈
(d) 特别隆重

27. 火地岛位于南美洲的最南端，被世人称为“世界尽头”，雪峰峻岭、闻名于世的大冰川、莽莽原始森林、惹人心醉的海峡，这些都是火地岛的____________。

(a) 重大环境问题
(b) 主要旅游景点
(c) 在建创收项目
(d) 原始文化特色

28. 据调查，人口出生率未见“二孩效应”。调查发现，随着“单独二孩”政策的实施，已婚育龄妇女中有生育二孩意愿的仅为少数，大部分人则明确表示“__________”。

(a) 只想要一个
(b) 还想要女孩
(c) 不想生孩子
(d) 就想要两个

29. 世人皆好追名逐利，不论地位高下，为蝇头小利争得头破血流的大有人在。其实这样做只会导致为物所役而不得解脱。想当年视名利为浮云的庄子对楚王千金聘相“持竿不顾”，就是宁愿生而__________，也不愿贵为卿相为官所累。

(a) 行云布雨
(b) 曳尾涂中
(c) 为所欲为
(d) 忧喜交集

30. 内向并不等于害羞，而有人却误把内向与害羞划上等号。其实内向的人只是看起来更安静，而害羞是害怕别人的__________。所以，有害羞的外向者，也有不害羞的内向者。

(a) 羞愧与指责
(b) 非难与羞辱
(c) 非分的幻想
(d) 难耐的愧疚

31. 青少年是国家和民族的未来，可近来青少年的国民体质正在不断下降，实在令人担忧。据调查显示，近十年间，特别是大学生的爆发力、力量、耐力等身体素质持续下滑，体质＿＿＿＿＿＿。

(a) 明显增强
(b) 每况愈下
(c) 各有不同
(d) 不足为奇

32. 市立交响乐团深入民间，将舞台搬到各大社区，与市民交流互动，他们的演出使广大群众进入古典音乐殿堂的门槛＿＿＿＿＿＿。

(a) 大大降低
(b) 从无到有
(c) 走向世界
(d) 满足需求

33. 风靡全球的自拍杆在国外的博物馆并不受欢迎，因为最多可以伸长到约1米的自拍杆可能会危及文物和游客安全，所以目前“禁杆令”已遍布全球＿＿＿＿＿＿。

(a) 知名博物馆
(b) 各大图书馆
(c) 十分受欢迎
(d) 非常有人气

34. 中国的“十一黄金周”始于1999年，距今已近二十个年头，假日旅游热潮一度席卷全国，长假制度也被视为是拉动内需、促进消费的一大举措。________随着时间推移，扎堆旅游带来的一些副作用使人们开始重新思考诸如“当初设立黄金周的经济目的是否实现？黄金周到底有多‘黄金’？”等问题。

(a) 无论
(b) 即使
(c) 因此
(d) 然而

35. 中国收藏品市场前景看好。作为新晋理财手段，人们对收藏品的关注有增无减。其中，名人尺牍比较受名家追捧，薄薄一页纸有的竟值近百万元。个中原因不外乎相比那些刻意为之的书法作品，名人尺牍往往写得随意，有时甚至会有涂改，________更能展现作者性情，有种见字如面之感。

(a) 尽管
(b) 反而
(c) 还是
(d) 即便

문제 36~50
다음 글을 읽고 주어진 질문에 가장 알맞은 답을 고르시오.

36. 韩国首都首尔，是一座山水相依的秀丽城市。天然美景衬托着现代化的建筑，使它成为一座宜人的大都市。

问：上文主要介绍了什么？

(a) 一座城市
(b) 一处风景
(c) 一个国家
(d) 一条河流

37. 日全食是一种太阳光被月亮全部遮住的天文现象。观看日全食时，千万不要直视太阳。如果在无适当防护措施情况下观看日全食，可能导致视网膜永久性损伤甚至失明。

问：上文主要介绍了什么？

(a) 太阳
(b) 月亮
(c) 日全食
(d) 视网膜

38. 为了减轻首都开罗的压力，埃及政府打算在开罗以东建造一座面积为700平方公里的新行政首都兼商业中心城市，政府还计划在此设25个居民区，可供至多500万人居住。

问：根据上文可知，埃及打算建造什么？

(a) 新行政首都
(b) 国际贸易城
(c) 两个商业中心
(d) 五百所新学校

39. 数字化阅读打破了纸质图书独霸天下的局面，以其便利和节约等优势，受到广大读者的青睐。但电子阅读也有其相应的缺陷，其中最主要的就是使用者很容易受设备上其他功能的诱惑而不能集中注意力。

问：上文主要介绍了有关"数字阅读"的哪一方面？

(a) 起源
(b) 长短处
(c) 发展状况
(d) 市场占有率

40. 请将干菜装在有塑胶布的防水纸箱里，以免潮湿变质。请在外包装上刷上我公司缩写，在名称缩写下面印刷目的港和订单号码以及贵公司的电话号码。

问：这是一封关于什么的信函？

(a) 干菜质量检查
(b) 发货截止日期
(c) 产品包装要求
(d) 业务联系方式

41. 天色渐晚，一路人行色匆匆，忽见对面隐约有灯光。走近一瞧，是个盲人手里提着个灯笼。路人深感奇怪，心想："你也借不着灯笼的光，打它何用啊？"遂问缘由，盲人说："我听说天黑以后，世人都跟我一样什么都看不见，所以才点上灯照亮道路。"路人听后，感叹道："原来你是为了众人点灯啊！"盲人说："其实我也是为自己，这样在黑夜里别人才能看见我，不会撞我。"路人大悟。

问：根据上文，我们可以知道什么？

(a) 明心见性
(b) 为人即为己
(c) 黎明来自黑夜
(d) 得饶人处且饶人

42. 生肖，又叫属相，为十二种动物，分别是鼠、牛、虎、兔、龙、蛇、马、羊、猴、鸡、狗、猪。据说，十二生肖是由华夏始祖黄帝创造的。先秦时期生肖系统已较完整，到了西汉，这一习俗就已经很盛行了。

问：上文主要介绍了什么？

(a) 十二生肖
(b) 华夏始祖
(c) 先秦家畜
(d) 西汉文化

43. 广府文化历史悠久，广州是其发祥地。19世纪末，何子渊、丘逢甲等人冲破顽固守旧势力的禁锢，积极宣传现代教育，集资创办了多所中、小学校，并推广新式学堂。这不仅培育了一大批思想进步、锐意创新的社会精英，而且还催生了“折衷中西，融汇古今”的岭南画派，给岭南文化注入了勃勃生机。

问：根据上文可知，何子渊是个什么样的人？

(a) 中国现代著名画家
(b) 守旧势力的拥护者
(c) 现代教育的奠基人
(d) 广府文化的创始人

44. 一杯好茶沁人心脾，饮茶是种享受。茶的冲泡是十分有讲究的，同样的茶叶，如用水不同、茶具不同或冲泡技术不一，泡出的茶汤会有不同的效果。想泡出一杯好茶是要下一番功夫的。

问：下面哪一项符合上文的内容？

(a) 把握时机并非易事
(b) 茶叶冲泡大有学问
(c) 普及知识任重道远
(d) 传统茶具风格多样

45. 经济前景黯淡，并不意味着国家经济从此会一蹶不振。有道是物极必反、否极泰来，也许经济泡沫的破灭，对中国来说面对的反而是难得的机遇。因为疯钱跑了，傻钱缩了，聪明钱留下来正等待机会。

问：笔者认为经济泡沫的崩溃意味着什么？

(a) 大势已去
(b) 风雨飘摇
(c) 良机将至
(d) 如日中天

46. 《曼侬·莱斯科》（简称《曼侬》）是普契尼的成名作，取材于安托万·弗朗索瓦·普莱佛的小说《骑士葛利欧和曼侬·莱斯科的故事》。尽管此前已经有过作曲家马斯奈的同名歌剧，普契尼仍然通过活泼而辉煌的旋律奠定了自己的特色。

问：读了上文，我们可以获得什么信息？

(a)《曼侬》这一歌剧的剧本即将面世
(b)《曼侬》的成功改写了小说的历史
(c) 普契尼凭自己的挑战精神一举成名
(d) 普契尼的作品给了马斯奈无限灵感

47. 这有什么依不依，闹是谁也总要闹一闹的，只要用绳子把新娘一捆，塞在花轿里，抬到男家，捺上花冠，拜堂，关上房门，就完事了。可是祥林嫂真出格，听说那时实在闹得厉害，大家还都说大约在念书人家里做过事，所以与众不同呢。

问：上文的内容与下面哪一项有关？

(a) 义结金兰
(b) 歃血为盟
(c) 救死扶伤
(d) 洞房花烛

48. 现代科技文明真了不起。从前远在天边的亲人现如今已变得近在眼前，遥想当年背井离乡十分凄苦，亲人一别更不知几时才能相见。而现在社交网络把世界连成了一个村落，思念从此不必刻骨。

问：根据上文，下面哪一项正确？

(a) 群体性孤独是信息化时代的通病
(b) 信息技术的发展拉近了时空距离
(c) 珍爱生命是现代文明的核心理念
(d) 科技发展扩大了人们的生活范围

49. 一代国画大师齐白石曾说，绘画之妙全在似与不似。太似像照片，无味；不似，以白石老人之见则为“欺世”。“似”与“不似”如何拿捏，全凭个人的艺术造诣与个性发挥，笔锋流转间无不闪耀着艺术家充满灵性的光辉。

问：上文主要想告诉我们什么？

(a) 雕塑艺术的个性特征
(b) 成功画作的鉴识要点
(c) 触类旁通的艺术天赋
(d) 见微知著的个人空间

50. 两只困倦的刺猬由于寒冷而拥在一起，可怎么也睡不舒服，因为各自身上都长着刺，紧挨在一块儿，无法睡得安宁；离得太远，又难耐寒冷。几经折腾，两只刺猬终于找到了适当的距离，在呼啸的寒风中安然入眠，此所谓“刺猬法则”。该法则强调了人际交往中的“心理距离效应”。运用到管理实践上即为领导者要搞好工作应该与下属保持亲密关系，但要是“亲密有间”的关系。

问：读了上文，我们可以知道什么？

(a) 过近无君子

(b) 士为知己者死

(c) 强将手下无弱兵

(d) 重赏之下必有勇夫

SNULT 중국어 vol. 2

SNULT 중국어 vol. 2

초판 1쇄 발행 2018년 12월 15일
초판 2쇄 발행 2024년 7월 31일

편저자 서울대학교 언어교육원

펴낸곳 서울대학교출판문화원
주소 08826 서울 관악구 관악로 1
도서주문 02-889-4424, 02-880-7995
홈페이지 www.snupress.com
페이스북 @snupress1947
인스타그램 @snupress
이메일 snubook@snu.ac.kr
출판등록 제15-3호

ISBN 978-89-521-1994-0 94720
978-89-521-1167-8 (세트)

Seoul National University Language Test

SNULT 중국어 vol. 2

서울대학교 언어교육원 편

서울대학교출판문화원

책머리에

서울대학교 언어교육원은 1967년 '국가공인 언어능력 검증기관'으로 선정된 이래, 그동안 국내 최고의 공신력으로 정부기관, 공공기관, 금융기관 및 일반기업에서 직원의 해외파견, 승진, 입사, 각종 교육훈련, 또는 인사고과를 위한 외국어 시험을 시행해 왔습니다. 규모가 작았던 초기에는 해당 언어권의 전문가들에게 개별적으로 출제를 의뢰했지만, 응시인원이 증가하고 평가 언어가 많아지면서 각종 언어 간 유형과 난이도가 표준화된 시험이 필요하게 되었습니다. 이에 서울대학교 언어교육원은 오랜 연구 끝에 SNULT(Seoul National University Language Test)라는 독자적인 언어능력 시험을 개발하게 되었습니다. 이후 언어교육원에서는 국내 외국어 교육환경과 수요자의 요구를 반영하여 SNULT 시험의 공정성과 신뢰성을 높이기 위해 꾸준한 연구와 노력을 기울여 왔습니다.

그러나 SNULT 시험을 준비하는 수험자들이 참고할 만한 안내서나 문제집이 없어서 불편을 겪었고, 많은 사람들이 SNULT 문제집의 필요성을 제기해 왔습니다. 이번에 서울대학교출판문화원에서 출간되는 SNULT 기출문제집은 시험을 채택하고 있는 여러 기관과 전국 각지에서 SNULT 시험을 준비하고 있는 수험자들의 요청에 부응하여 만들어지게 되었습니다. 그런 의미에서, 서울대학교 언어교육원과 서울대학교출판문화원의 공신력을 바탕으로 출간되는 이번 SNULT 기출문제집은 수험자들에게 외국어 시험 대비를 위한 믿음직스러운 길잡이가 되어 줄 것이라 믿습니다.

오늘날 외국어 실력은 개인의 경쟁력 및 국가의 발전과 미래를 결정짓는 중요한 요소가 되었습니다. 세계가 일일생활권이 된 지구촌 국제무대에서 활동해야만 하는 우리 모두에게 외국어 능력은 세계 시민으로서 갖춰야 할 필수적 자질이며, 국가경쟁력의 척도가 되었습니다. SNULT는 다양한 전문 분야에서 일하고 있는 한국인들의 외국어 능력을 측정하는 국내 최고의 신뢰도와 효율성을 갖춘 시험입니다. 아무쪼록 이 책이 SNULT 외국어 시험을 준비하는 모든 사람들에게 큰 도움이 되기를 바랍니다.

2018년 12월

서울대학교 언어교육원장

차례

SNULT란 무엇인가

SNULT(Seoul National University Language Test)는 서울대학교 언어교육원이 출제하고 TEPS관리위원회가 주관하는 국내 최고 권위의 외국어능력 평가입니다.

SNULT(Seoul National University Language Test)는 서울대학교 언어교육원이 출제하고 TEPS관리위원회가 주관하는 국내 최고 권위의 외국어능력 평가로 6개 언어(일본어, 중국어, 프랑스어, 독일어, 스페인어, 러시아어)를 평가하고 있습니다.

SNULT는 정부기관, 공공기관, 은행 및 일반기업의 의뢰를 받아 해외 파견 요원이나 유학생을 선발할 평가도구의 필요에 의해 개발되어 1967년부터 기관 대상으로만 시행되다가 2008년 8월 제1회 SNULT 정기시험부터는 일반인도 응시할 수 있게 되었습니다.

현재 SNULT는 신입사원 선발, 각급 기관 단체의 직원 인사고과 등의 용도로 사용되고 있으며, 최근 공신력 있는 어학 능력 평가에 대한 요구가 증가하여 시험의 중요성이 강조되고 있습니다.

완벽한 보안 속에서 해당 언어의 박사 학위를 소지한 연구원, 원어민, 교수 등 최고의 전문가들이 출제·검토한 후 녹음과 인쇄를 거쳐 시행하고 있으며, 지난 50여 년간의 시험 데이터와 성과를 바탕으로 높은 신뢰도와 타당도를 지니고 있습니다.

SNULT는 6개 언어능력을 언어 간의 객관적인 난이도 및 형평성을 고려하여 언어에 따른 성적편차를 최대한 줄이도록 고안되었습니다. 외국에서 개발된 언어능력 평가와 비교해도 충분한 경쟁력을 갖추고 있으므로, 수험자들은 SNULT를 통해 자신의 학습투여 시간에 따른 공정한 수준의 평가를 받을 수 있습니다. 또한 응시절차가 간편하고 경제적인 효율성이 우수합니다.

SNULT 중국어 시험이란

전 세계 인구의 21%, 13억 인구가 사용하는 중국어*는 21세기 지식정보화 및 세계화 시대에 적응하는 데 필수적인 지적 인프라로 자리 잡아 가고 있습니다. 국내에서도 지난 1992년 한중수교에 따라 본격화된 양국 간의 인적·물적 교류가 점점 더 확대되고 있고, 이를 가속화시키는 여러 상황들이 우리 앞에 펼쳐지고 있습니다. 중국시장의 무한한 가능성과 이에 따른 국내 기업 진출 확대와 한류(韩流) 열풍의 지속 및 중국 조기 유학의 성황, 대학과 사회에서의 중국어 교육 확산 등이 그 대표적인 예입니다. 이는 우리 삶과 사회의 '상수(常数)'가 된 중국을 개인과 기업, 국가 차원에서 성장의 자양분으로 적극 활용하고자 하는 인식과 노력의 결과라고 할 수 있습니다. 이에 서울대학교 언어교육원은 장기간에 걸쳐 축적된 경험과 노하우를 바탕으로 중국어 교육과 언어능력 측정 분야의 선도적 역할을 담당하고자 합니다.

〈SNULT 중국어〉 시험은, 세계화가 전 방위적으로 구동되는 21세기에, 세계의 주요 외국어에 대한 신뢰성 있는 어학능력 평가가 요구됨에 따라 서울대학교 언어교육원이 자체적으로 개발하기 시작하여 결실을 맺은 독자적인 중국어 능력평가모델입니다. 이 시험은 청해(听力, 50문항), 독해(阅读, 50문항)의 두 영역으로 구성되어 있습니다. 그리고 각 영역의 세부 구성은 중국어 능력을 평가하는 데 적절한, 높은 수준의 평가 노하우를 바탕으로 개발되었습니다.

---

* '중국어'는 국내에서만 주로 쓰이는 명칭입니다. 중국 현지에서는 '汉族의 언어'라는 뜻인 '汉语'라는 명칭을 사용합니다. 곧 '汉语'가 국내에서 통상적으로 사용하고 있는 중국어의 정식 명칭인 셈입니다. 그러나 이 문제집에서는, 우리가 'English' 라는 표현 대신에 '영어'라는 표현을 사용하는 것처럼, 우리에게 익숙한 표현인 '중국어'라는 한글 명칭을 사용하였습니다.

본 문제집은 별첨한 모의 중국어 시험 문제 두 세트와 이에 대한 풀이 부분으로 구성되었습니다. 풀이 부분에는 해설과 번역 및 주석을 가미하여 〈SNULT 중국어〉 시험에 대한 이해를 높이고자 하였고, 아울러 중국어 학습에서 필수적으로 숙지해야 할 내용을 중심으로 문제를 구성하여 중국어 관련지식을 점검하는 데 도움이 되도록 안배하였습니다. 또한 본 문제집에 수록된 문제는 실전 문제보다 다소 난이도가 높을 수 있습니다. 학습자는 이를 감안하여 영역별 문제 유형 파악에 중점을 두고 학습하면 됩니다. 난이도 조정 작업은 이제까지 서울대학교 언어교육원이 주관한 각종 중국어 능력 시험 자료 및 그 측정 결과를 토대로 중국어를 전공한 교수, 연구원 및 여타 외국어 전공 교수, 연구원들과의 협의를 거쳐 이루어진 것입니다. 대략 4년제 주요 대학에서 중국어를 전공한 졸업생이 70~80% 정도 득점하는 것을 기준으로 삼았습니다.

청해 부분에서는 다양한 대화 상황을 고루 설정하여 학생들로 하여금 필수적인 대화 상황에 익숙해지도록 하였습니다. 독해 부분에서는 중요하지만 혼동하기 쉬워서 정확한 이해가 필수적인 항목들을 주로 제시함으로써 중요한 문법 관련 사항을 점검하는 계기를 마련하는 데 주력했습니다. 또한 외국인이기 때문에 쉽게 의미를 구분하기 어려운 유사 어휘나 성어(成语) 간의 의미 구분을 다룸으로써, 어휘와 성어 학습의 방향을 제시하고자 하였습니다.

서울대학교 언어교육원이 주관하는 〈SNULT 중국어〉 시험에 이미 출제된 문제를 중심으로 구성된 본 문제집이 〈SNULT 중국어〉 시험 준비를 위한 효과적인 길잡이가 되어 줄 뿐만 아니라 중국어 학습에서의 주요 사항을 정리하는 데 도움이 되는 요긴한 참고서가 되기를 기대합니다.

SNULT 구성(중국어)

영역	영역별 설명	문제유형	문항수	시간	배점
청해 (听力)	Part I	한 문장을 듣고 이어질 대화로 가장 적절한 답 고르기	15	50분	100점
	Part II	짧은 대화를 듣고 이어질 대화로 가장 적절한 답 고르기	15		
	Part III	긴 대화를 듣고 질문에 가장 적절한 답 고르기	10		
	Part IV	담화를 듣고 질문에 가장 적절한 답 고르기	10		
독해 (阅读)	Part I	문법적으로 가장 적절한 답 고르기	10	50분	100점
	Part II	빈칸에 가장 적절한 어휘 고르기	10		
	Part III	지문을 읽고 빈칸에 가장 적절한 답 고르기	15		
	Part IV	지문을 읽고 질문에 가장 적절한 답 고르기	15		
	8개 Parts		100	100분	100점

SNULT 중국어는 한국의 중국어 교육과정을 반영하는 시험으로, 타 시험에 비해 시험 시간이 짧고 문제 양이 적당하여 수험자가 부담 없이 자신의 언어 능력을 객관적이고 정확하게 파악할 수 있는 장점을 가지고 있습니다.

＊청해는 정확한 청해력 측정을 위해 듣기로만 진행되며, 문제지에 내용이 인쇄되지 않습니다.
＊청해 영역의 지문과 문제는 2회, 선택지는 1회 들려 드립니다.

SET1

청해

독해

Part I

| 문제 1~15 | 다음 문장을 듣고 자연스러운 대화를 이룰 수 있는 가장 적절한 응답을 고르시오.

01

男：你去哪儿啊？
女：__________。

(a) 去学校
(b) 我刚到
(c) 明天去
(d) 才回来

| 해설 | 어디로 가느냐는 물음에 적절한 응답을 고르는 문제이다. 질문에 장소를 묻는 의문사가 사용되었으므로 장소를 나타내는 표현으로 답하여야 한다. '학교(学校)'라는 장소가 있는 (a)가 정답이다.

번역

남: 너 어디 가니?
여: __________________.

(a) 학교에 가
(b) 막 도착했어
(c) 내일 가
(d) 이제서야 돌아왔어

자구풀이

- 刚(gāng) 막
- 才(cái) 이제서야

02 女：小王，你弟弟做什么工作？

男：____________。

(a) 出去了

(b) 有工作

(c) 他是医生

(d) 是我弟弟

| 해설 | 직업이 무엇이냐는 물음에 적절한 응답을 고르는 문제이므로 직업을 나타내는 표현으로 답하여야 한다. '의사(医生)'라는 표현이 있는 (c)가 정답이다.

번역 여: 샤오왕, 네 남동생은 무슨 일 하니?

남: ________________.

(a) 나갔어

(b) 직장 다녀

(c) 내 남동생은 의사야

(d) 내 남동생이야

자구 풀이

- 出去(chūqu) 나가다

03 男：考试成绩出来了吗？
女：________。

(a) 不喜欢
(b) 不知道
(c) 不干净
(d) 不麻烦

| 해설 | 시험 성적이 나왔는지를 묻는 문제이므로 그 사실을 알고 있는지로 답하여야 한다. '알다(知道)'라는 표현이 있는 (b)가 정답이고 (a), (c), (d)에는 관련이 없는 표현이 쓰였으므로 오답이다.

번역

남: 시험 성적 나왔니?
여: ______________.

(a) 좋아하지 않아
(b) 몰라
(c) 깨끗하지 않아
(d) 번거롭지 않아

자구 풀이

- 成绩(chéngjì) 성적
- 知道(zhīdào) 알다
- 麻烦(màfan) 번거롭다

04 女：经理让我明天出差。

男：__________？

(a) 你来还是我去

(b) 上海还是广州

(c) 今天还是明天

(d) 经理还是顾客

| 해설 | 여자가 출장을 가야 하는 상황을 말한 후 남자의 묻는 표현이 이어지고 있으므로 출장지를 묻고 있는 (b)가 가장 자연스럽다. 상황, 시간, 대상을 각각 묻는 (a), (c), (d)는 오답이다.

번역 여: 사장님이 나한테 내일 출장 가라고 하시네.

남: __________?

(a) 네가 올래 아니면 내가 갈까

(b) 상하이야 광저우야

(c) 오늘이야 내일이야

(d) 사장님이야 손님이야

자구 풀이

- 经理(jīnglǐ) 사장
- 出差(chūchāi) 출장 가다

05 男：你什么时候出发？
女：＿＿＿＿＿＿＿＿＿。

(a) 我也想去
(b) 试试看吧
(c) 发电子邮件
(d) 一会儿就走

| 해설 | 언제 출발하는지를 묻는 문제이다. 질문에 시간을 묻는 의문사가 사용되었으므로 시간을 나타내는 표현으로 답하여야 한다. '곧(一会儿)'이라는 표현이 있는 (d)가 정답이고 (a), (b), (c)에는 시간을 나타내는 표현이 없으므로 오답이다.

번역 남: 너 언제 출발해?
여: ＿＿＿＿＿＿＿＿＿.

(a) 나도 가고 싶어
(b) 한번 해 봐
(c) 이메일 보내
(d) 곧 갈거야

자구 풀이
- 电子邮件(diànzǐ yóujiàn) 이메일
- 一会儿(yíhuìr) 곧

06 女：你怎么不听老师讲话呢？

男：________。

(a) 我看了

(b) 我听了

(c) 我讲了

(d) 我画了

| 해설 | 선생님 말씀을 왜 안 '듣는지'에 대한 대답이 이어져야 하는 문제이므로 '듣다(听)'라는 표현이 있는 (b)가 정답이고 '보다(看)', '말하다(讲)', '그리다(画)'로 답한 (a), (c), (d)는 오답이다.

번역 여: 너 왜 선생님 말씀하시는 것 안 들어?

남: ___________.

(a) 나 봤어

(b) 나 들었어

(c) 나 말했어

(d) 나 그렸어

자구 풀이

- 讲话(jiǎng//huà) 발언하다
- 怎么不(zěnme bù)~呢(ne) 왜 ~하지 않아?

07 男：你多大了？

女：＿＿＿＿＿。

(a) 一米八

(b) 两块五

(c) 十二了

(d) 八十斤

| 해설 | 나이를 물어보는 문제이다. '살(岁)'이 생략된 상태로 응답한 (c)가 정답이다. (a)는 키, (b)는 금액, (d)는 무게를 각각 나타낸다.

번역

남: 너 나이가 어떻게 돼?

여: ＿＿＿＿＿＿＿＿.

(a) 180센티미터

(b) 2.5위안

(c) 12살 됐어

(d) 40킬로그램

자구풀이

- 米(mǐ) 미터
- 块(kuài) 위안
- 斤(jīn) 근

08 女：您来中国的目的是什么？
男：______________。

(a) 要注明访问目的
(b) 感谢您送我出国
(c) 朋友们都在韩国
(d) 这次是来探亲的

| 해설 | 입국 심사대에서 '중국 방문 목적(来中国的目的)'을 묻는 말에 대한 적절한 응답을 고르는 문제이다. 방문 목적을 답한 (d)가 정답이고 (a), (b), (c)는 모두 어울리지 않는 응답이다. 특히 (c)는 친구들이 한국에 있다고 답하였으므로 질문의 중국 방문 목적과 어울리지 않는다.

번역 여: 중국에 오신 목적이 무엇인가요?
남: ______________________.

(a) 방문 목적을 명시하여야 합니다
(b) 배웅해 주셔서 감사합니다
(c) 친구들이 모두 한국에 있어요
(d) 이번에는 가족 방문차 왔어요

자구 풀이

- 目的(mùdì) 목적
- 注明(zhù míng) 명시하다
- 送(sòng) 배웅하다
- 探亲(tàn qīn) 가족을 방문하다

09 男：经理的发言稿准备好了吗？

女：____________。

(a) 就买了两个
(b) 才过十分钟
(c) 还差一点儿
(d) 都是新做的

| 해설 | 연설문의 준비상황을 묻는 말에 대한 적절한 응답을 고르는 문제이다. 원하는 상황에 비추어 '부족하다(差)'라고 말한 (c)가 정답이다. (d)의 '하다(做)'는 '연설문(发言稿)'과 어울릴 수 없는 동사이다.

번역 남: 사장님 연설문 다 준비됐나요?

여: ____________________.

(a) 두 개만 샀어요
(b) 겨우 십 분 지났어요
(c) 아직 좀 부족해요
(d) 모두 다 새로 만든 것이에요

자구 풀이

- 发言稿(fāyán gǎo) 연설문
- 准备(zhǔnbèi) 준비하다
- 差(chà) 부족하다

10 女：看场球赛还得去体育场，至于吗？
男：________________。

(a) 你管他是不是朋友呢
(b) 一转眼赛季就结束了
(c) 昨天的比赛我没上场
(d) 要的就是个现场气氛

| 해설 | 구기 시합을 보러 굳이 경기장까지 가야 하냐는 핀잔에 대한 적절한 응답을 고르는 문제이다. '현장감(现场气氛)'이 필요하다는 (d)가 정답이다.

번역 여: 경기 하나 보려고 경기장까지 가야 해? 그 정도는 아니잖아?
남: ________________________.

(a) 넌 걔가 친구든 아니든 상관하지 마
(b) 눈 깜짝할 사이에 경기 시즌이 끝났어
(c) 어제 경기는 내가 출전하지 못했어
(d) 원하는 건 바로 경기장 분위기야

자구 풀이

- 球赛(qiúsài) 구기 시합
- 至于(zhìyú) (주로 부정문이나 반문에 쓰여) ~의 정도에 이르다
- 管(guǎn) 상관하다
- 一转眼(yì zhuǎn yǎn) 눈 깜짝할 사이
- 就(jiù)~了(le) 벌써 ~하다
- 赛季(sàijì) 경기 시즌
- 结束(jiéshù) 끝나다
- 气氛(qìfēn) 분위기

11 男：听说了没有？小王的男朋友来了。

女：________________。

(a) 听不得甜言蜜语
(b) 怪不得闭不上嘴
(c) 去不得那种地方
(d) 恨不得马上回家

| 해설 | '샤오왕의 남자친구가 왔다'는 정보에 대한 적절한 반응을 묻는 문제이다. 샤오왕은 대화를 하고 있는 두 사람에게는 제삼자라는 전제가 자연스러우므로 (a), (c), (d)는 정답이 될 수 없다. 가장 어울리는 정답은 샤오왕의 반응을 묘사한 (b)이다.

번역

남: 들었니? 샤오왕 남자친구가 왔어.

여: ______________________________.

(a) 사탕발림 소리에 잘 넘어가네
(b) 어쩐지 입을 다물지 못하더라니
(c) 그런 곳은 가서는 안 돼
(d) 당장이라도 집에 돌아가고 싶어

자구 풀이

- 甜言蜜语(tián yán mì yǔ) 사탕발림 소리
- 怪不得(guàibude) 어쩐지
- 闭不上嘴(bì bú shàng zuǐ) 입을 다물지 못하다
- 恨不得(hènbude)~ 간절히 ~하고 싶다

12 女：李科长，房间订好了，两个标准间。

男：＿＿＿＿＿＿＿＿。

(a) 得订两个房间

(b) 订首尔航空的

(c) 我要订标准间

(d) 处长得住套间

| 해설 | 방을 예약했다는 상황을 보고하는 말에 대한 적절한 응답을 고르는 문제이다. 스탠더드룸 두 개를 다 예약하였다고 하였으므로 (a)와 (c)는 시간의 흐름상 오답이고 (b)는 항공사 예약 관련 응답이므로 적절하지 않다. '처장(处长)'의 방 예약과 관련된 추가 지시가 있는 (d)가 정답이다.

번역 여: 이 과장님, 객실 예약 다 했습니다. 스탠더드룸 두 개입니다.

남: ＿＿＿＿＿＿＿＿＿＿＿＿＿＿＿＿.

(a) 방을 두 개 예약해야 해요

(b) 서울항공으로 예약해요

(c) 스탠더드룸으로 예약하겠습니다

(d) 처장님은 스위트룸에 묵으셔야 해요

자구 풀이

- 科长(kēzhǎng) 과장
- 订(dìng) 예약하다
- 处长(chùzhǎng) 처장

13 男：你怎么不买门票啊？
女：________________。

(a) 我是来找人的
(b) 他老实巴交的
(c) 给自己留条后路
(d) 有点儿拿不出手

| 해설 | 입장권을 사지 않은 이유를 묻는 물음에 대한 적절한 응답을 고르는 문제이다. 다른 이유로 왔다는 응답인 (a)가 정답이다. (b), (c)는 내용상 적절하지 않은 응답이고 (d)는 선물 등이 보잘것없다는 의미이므로 입장권을 구입하는 상황에 어울리지 않는 응답이다.

번역 남: 왜 입장권 안 사세요?
여: ________________________________.

(a) 저는 사람 찾으러 왔어요
(b) 그 사람 우직한 사람이에요
(c) 자신에게 물러설 여지를 남겨 두세요
(d) 좀 보잘것없어 부끄러워요

자구 풀이
- 老实巴交(lǎoshibājiāo) 우직하다
- 留条后路(liú tiáo hòulù) 물러설 여지를 남기다

14 女：咱们申请的项目批下来了没有？
男：__________。

(a) 杳无音信
(b) 画龙点睛
(c) 坐井观天
(d) 走马观花

| 해설 | 신청한 사업 과제가 '승인이 났는지(批下来了)' 여부를 묻고 있는 질문에 대한 적절한 응답을 고르는 문제이다. 선택지로 제시된 내용은 모두 중국어 사자성어인데 이 중 소식과 관련된 성어인 (a) '감감 무소식이다(杳无音信)'가 정답이다. (b)의 '画龙点睛'과 (c)의 '坐井观天'은 각각 한국어의 '화룡점정', '좌정관천'의 의미에 대응하는 성어이므로 정답과 무관하고, (d)의 '走马观花'은 한국어의 '주마간산'에 대응하는 성어이므로 정답과 무관하다.

번역 여: 우리가 신청한 사업 과제에 승인 떨어졌니?
남: __________________.

(a) 감감 무소식이야
(b) 화룡점정이야
(c) 좌정관천이야
(d) 주마간산이야

자구 풀이

- 项目(xiàngmù) 사업 과제
- 批(pī) 승인하다
- 下来(xiàlái) (완성이나 결과를 나타내는 방향보어)
- 杳无音信(yǎo wú yīn xìn) 소식이 감감하다
- 画龙点睛(huà lóng diǎn jīng) 화룡점정 (용을 그리고 마지막에 눈을 그렸더니 실제 용이 되어 올라갔다는 이야기처럼 가장 요긴한 어느 한 대목을 잘함으로써 전체가 살아남을 가리킴)
- 坐井观天(zuò jǐng guān tiān) 좌정관천 (우물 속에 앉아서 하늘을 보는 것처럼 사람의 견문이 매우 좁음을 가리킴)
- 走马观花(zǒu mǎ guān huā) 주마간산 (말을 달리면서 꽃을 구경하는 것처럼 대충대충 보고 지나가는 것을 가리킴)

15 男：这屋子没有窗户，多闷啊！

女：________________。

(a) 没关系，有地毯

(b) 没事儿，阳光好

(c) 不要紧，我不常在家

(d) 不见得，没有窗户嘛

| 해설 | 방에 창문이 없어서 답답하지 않냐고 말하는 것에 대한 적절한 응답을 고르는 문제이다. (a)는 어울리지 않으며 (b)와 (d)는 제시된 상황과 모순 관계이다. 집에 자주 있지 않아 괜찮다는 (c)가 정답이다.

번역

남: 이 집은 창문이 없어서 정말 답답하겠어.

여: ________________.

(a) 상관 없어, 카펫이 있잖아

(b) 괜찮아, 햇볕이 좋아

(c) 괜찮아, 난 집에 잘 없어

(d) 반드시 그렇지는 않아, 창문이 없잖아

자구풀이

- 闷(mēn) 답답하다
- 地毯(dìtǎn) 카펫
- 不要紧(bú yàojǐn) 괜찮다
- 不见得(bújiànde) 반드시 그렇지는 않다

Part II

| 문제 16~30 | 다음 대화를 듣고 자연스러운 대화를 이룰 수 있는 가장 적절한 응답을 고르시오.

16

女：请问，图书馆在哪儿？
男：啊，一直往前走就是。
女：谢谢！
男：________。

(a) 不客气
(b) 我借书
(c) 往左拐
(d) 一个人

| 해설 | 도서관 위치를 알려 준 사람에게 '감사합니다(谢谢)'라고 한 말에 대한 적절한 응답을 고르는 문제이다. (a)가 정답이다. (b), (c), (d)는 각각 도서관, 길 알려 주기, 식당 등의 상황에서 쓰일 수 있는 말이지만 '감사합니다'의 응답으로는 적절하지 않다.

번역

여: 말씀 좀 여쭤 보겠는데요. 도서관이 어디에 있나요?
남: 네, 쭉 앞으로 가시면 됩니다.
여: 감사합니다.
남: ________________.

(a) 별 말씀을요
(b) 책을 빌리려고요
(c) 좌회전이요
(d) 한 사람이요

자구 풀이

- 借书(jiè shū) 책을 빌리다
- 往左拐(wǎng zuǒ guǎi) 좌회전하다

17

男：你叫什么啊？

女：我叫王小丽。

男：你是从哪儿来的？

女：________________。

(a) 我明年要去中国

(b) 我也很喜欢汉语

(c) 我想买一件大衣

(d) 我是从北京来的

| 해설 | '어디에서 왔어(从哪儿来)?'라고 묻는 말에 대한 적절한 응답을 고르는 문제이다. 출신지 등 장소 표현이 있는 (d)가 정답이다. (a)는 '중국에 갈 것(要去中国)'이라고 하였으므로 정답과 어울리지 않는다.

번역

남: 넌 이름이 뭐야?

여: 난 왕샤오리라고 해.

남: 넌 어디에서 왔어?

여: ____________________.

(a) 난 내년에 중국 갈 거야

(b) 나도 중국어를 좋아해

(c) 난 코트 한 벌 사려고

(d) 난 베이징에서 왔어

자구 풀이

- 从(cóng)~ ~부터

18 女：服务员，我们来两碗面条。

男：好。还要别的吗？

女：不要了，快点儿啊。

男：____________________。

(a) 好的，马上就来

(b) 是的，也买面包

(c) 不，大家都吃饱了

(d) 对，还有两位客人

| 해설 | 식당에서 음식을 주문하는 상황이다. '빨리 좀(快点儿)' 가져다 달라는 말에 어울리는 응답은 '금방 나온다(马上就来)'고 한 (a)이다. (b), (c), (d)는 빵집이나 식당에서 쓰일 만한 표현이지만 적절한 응답이 아니다.

번역 여: 여기요, 국수 두 그릇 주세요.

남: 네, 다른 것 또 필요하신 거 있으세요?

여: 없어요. 빨리 좀 주세요.

남: ______________________________.

(a) 네, 금방 나옵니다

(b) 네, 빵도 삽니다

(c) 아니에요. 모두들 다 배부르게 먹었어요

(d) 맞아요. 손님 두 분이 더 있어요

자구 풀이

- 碗(wǎn) 그릇
- 位(wèi) 분

19

男：祝你生日快乐！

女：谢谢！

男：给你，礼物！

女：＿＿＿＿＿＿＿＿

(a) 哇！还开晚会？

(b) 哇！还有礼物？

(c) 来，你的礼物

(d) 来，我帮你挑

| 해설 | 생일 선물 등 무엇인가를 줄 때 습관적으로 말하는 '여기 있어(给你)'에 대한 적절한 응답을 고르는 문제이다. 생일 선물을 주는 상황이므로 '선물도 있어(还有礼物)?'라고 놀라움을 표시하는 (b)가 정답이다.

번역

남: 생일 축하해!

여: 고마워!

남: 여기, 선물!

여: ＿＿＿＿＿＿＿＿

(a) 와! 파티도 열려?

(b) 와! 선물도 있어?

(c) 자, 네 선물

(d) 잠깐! 내가 골라 줄게

자구 풀이

- 祝(zhù) 축하하다
- 礼物(lǐwù) 선물
- 晚会(wǎnhuì) 파티
- 帮(bāng) (~를 도와) 대신해 주다

20 女：真漂亮，这机会千载难逢啊。

男：那你快买吧。

女：是不是太贵了点儿？

男：________________！

(a) 重要就快说吧

(b) 着急就快走吧

(c) 喜欢还舍不得花钱

(d) 知道还走这么半天

| 해설 | 오랜만에 예쁜 물건을 발견하고도 비쌀까봐 걱정하는 말에 대한 적절한 응답을 고르는 문제이다. 가장 자연스러운 응답은 좋아하면서도 '돈 쓰는 걸 아까워한다(舍不得花钱)'고 핀잔을 주는 (c)이다.

번역 여: 진짜 예쁘다. 이런 기회는 정말 천재일우의 기회야.

남: 그럼 너 빨리 사.

여: 너무 좀 비싼 거 아닐까?

남: ________________!

(a) 중요하면 빨리 말해 봐

(b) 급하면 빨리 가 봐

(c) 좋아하면서도 돈 쓰는 건 아까워하네

(d) 알면서도 이렇게 한참을 걸었어

자구 풀이

- 千载难逢(qiān zǎi nán féng) 천재일우의 기회이다
- 重要(zhòngyào) 중요하다
- 着急(zháojí) 조급해하다
- 舍不得(shěbude) 아까워하다
- 半天(bàntiān) 한참

21 男：现在都几点了？女儿怎么还不回家呀？

女：她不是去见老同学了吗？

男：不行，快打电话，叫她立刻回家。

女：________________________。

(a) 他们是他们，我是我

(b) 随她去吧，都这么大了

(c) 你可别自作主张，我不去

(d) 随你便吧，我吃什么都行啊

| 해설 | 동창을 만나러 간 딸을 걱정하는 남편에게 아내가 하는 말 중 가장 적절한 것을 고르는 문제이다. '(딸 하고 싶은 대로) 내버려 두자(随她去吧)'라고 응답하는 (b)가 정답이다. (a)는 다른 사람을 의식하지 않는다는 표현이고 (c)와 (d)는 대화의 배경과 관련이 없는 말이므로 적절한 응답이 아니다.

번역

남: 지금 벌써 몇 시에요? 딸애는 왜 아직도 집에 안 온 거에요?

여: 애가 동창 만나러 간다고 했잖아요?

남: 안 되죠. 빨리 전화해서 애한테 당장 집에 들어오라고 해요.

여: ____________________________.

(a) 그 사람들은 그 사람들이고 저는 저예요

(b) 내버려 둡시다. 벌써 이렇게 컸는데요

(c) 당신 멋대로 하지 말아요. 난 안 갑니다

(d) 당신 알아서 해요. 난 뭘 먹어도 좋아요

자구 풀이

- 老同学(lǎo tóngxué) 옛날 동창
- 随(suí)~ (~에) 따르다
- 自作主张(zì zuò zhǔzhāng) 제멋대로 결정하다

22

女：外边下雨了。

男：是吗？怎么办，我今天没带雨伞。

女：唉，我也没带。

男：______________________。

(a) 放心吧，今天不会下雨的

(b) 可以了，我也买了一把伞

(c) 等等吧，也许一会儿能停

(d) 没事儿，咱们不是有伞嘛

| 해설 | 우산을 안 가져왔는데 비가 오는 상황에서 가장 적절한 응답을 고르는 문제이다. '기다려 보면(等等)' '그칠 것(停)' 같다고 한 (c)가 가장 적절하다. (a), (d)는 대화의 상황에 위배되며 (b)는 '나도 샀다(我也买了)'라는 말 때문에 정답이 될 수 없다.

번역

여: 밖에 비 오네요.

남: 그래요? 어떡하죠, 저 오늘 우산을 안 가져왔어요.

여: 아이고, 저도 안 가져왔는데요.

남: ______________________.

(a) 걱정 마세요. 오늘 비 안 올 겁니다

(b) 이제 됐어요. 저도 우산 하나 샀어요

(c) 좀 기다려 보죠. 아마 곧 그칠 것 같아요

(d) 괜찮습니다. 우리한테 우산이 있잖아요

자구 풀이

- 外边(wàibian) 밖
- 停(tíng) 그치다

23 男：一共多少钱？
女：十七块。
男：行，给你二十块钱。
女：__________。

(a) 找你三块
(b) 不用交钱
(c) 桔子七块
(d) 打八五折

| 해설 | 물건을 사는 상황에서 돈을 지불하고 거스름돈을 받을 때 사용하는 표현을 묻는 문제이다. (a)의 표현이 가장 적절하다. (b)는 응답에 자연스러운 상황이 제시되지 않았고 (c), (d)는 금액을 지불하기 전의 응답이므로 적절한 표현이 아니다.

번역

남: 모두 얼마예요?
여: 17위안이에요.
남: 네, 여기 20위안입니다.
여: ____________________.

(a) 거스름돈 3위안 드릴게요
(b) 돈 내실 필요 없어요
(c) 귤은 7위안이에요
(d) 15% 할인해요

자구풀이

- 行(xíng) ('좋아요'의 의미로) 네
- 找(zhǎo) 거슬러 주다
- 交(jiāo) 돈을 내다

24

女：机票订好了吗？

男：订好了。

女：往返的吧？

男：______________。

(a) 不，单人的

(b) 不，单程的

(c) 不，是单间儿

(d) 不，是单卖的

| 해설 | '왕복(往返)' 비행기 표인지 질문하는 말에 가장 적절한 응답을 고르는 문제이다. 선택지가 모두 부정적인 대답 '아니(不)'로 시작되었으므로 왕복표에 대응하는 '편도(单程)' 비행기 표라고 응답한 (b)가 가장 자연스럽다.

번역

여: 비행기 표 예매했어?

남: 했어.

여: 왕복표야?

남: ______________.

(a) 아니, 일인용이야

(b) 아니, 편도표야

(c) 아니, 독방이야

(d) 아니, 단품이야

자구 풀이

- 往返(wǎngfǎn) 왕복
- 单程(dānchéng) 편도
- 单间儿(dānjiānr) 독방, 독립된 방

25 男：听说最近这部电视剧在中国的声价很高。

女：可不，收视率都破纪录了。

男：是吧？不少人还模仿男女主角的穿戴。

女：________________。

(a) 可不，我就不喜欢听

(b) 可不，最近韩剧不多

(c) 对，连发型都要模仿

(d) 对，穿戴都追求个性

| 해설 | 인기 있는 드라마의 남녀 주인공 스타일을 많은 사람들이 따라 한다고 말한 것에 대한 적절한 응답을 고르는 문제이다. '맞아(对)'라고 맞장구를 치면서 '헤어스타일까지도(连发型都…)' 모방한다고 응답한 (c)가 정답이다. (a)는 '듣기 싫다(不喜欢听)'라고 가능한 답변을 하였지만 '그렇고 말고(可不)'가 대화에 어울리지 않는다. (b), (d)는 대화 내용과 모순되는 응답이다.

번역 남: 요즘 이 드라마가 중국에서 평판이 좋다던데.

여: 당연히 그렇지. 시청률은 벌써 기록을 깼지.

남: 그렇지? 남녀 주인공 스타일을 따라 하는 사람도 많더라고.

여: ________________________________.

(a) 그렇고 말고. 난 듣기 싫어

(b) 그렇고 말고. 요즘은 한국 드라마가 많지 않아

(c) 맞아. 헤어스타일까지도 따라 하더라고

(d) 맞아. 옷차림은 모두 개성을 추구하지

자구 풀이

- 声价(shēngjià) 평판
- 收视率(shōushìlǜ) 시청률
- 破(pò) 깨다
- 纪录(jìlù) 기록
- 模仿(mófǎng) 모방하다
- 主角(zhǔjué) 주인공
- 穿戴(chuāndài) 옷차림
- 发型(fàxíng) 헤어스타일
- 追求(zhuīqiú) 추구하다
- 个性(gèxìng) 개성

26 女：你们怎么刚坐下就起来了？
男：不打扰了，我们该走了。
女：再坐会儿吧。
男：＿＿＿＿＿＿＿＿＿＿。

(a) 不了，改天再来吧
(b) 不了，再吃一个吧
(c) 哪儿啊，才九点半
(d) 哪儿啊，喝得很少

| 해설 | '좀 더 앉아 있지(再坐会儿吧)'라고 제안하는 말에 대한 가장 적절한 응답을 고르는 문제이다. 나중에 또 온다고 응답한 (a)가 가장 적절하다. (b), (d)는 상관없는 응답이고 (c)는 대화 내용과 모순된다.

번역 여: 왜 앉자마자 일어나세요?
남: 폐를 많이 끼쳤어요. 저희 이만 가야겠어요.
여: 좀 더 앉아 있지 그러세요.
남: ＿＿＿＿＿＿＿＿＿＿＿＿＿＿＿＿.

(a) 아니에요. 나중에 또 올게요
(b) 아니에요. 하나 더 먹어요
(c) 천만에요. 겨우 아홉 시 반이에요
(d) 천만에요. 조금 마셨어요

자구 풀이
- 打扰(dǎrǎo) 방해하다
- 该(gāi)~了(le) ~해야 하다
- 改天(gǎitiān) 다음

27

男：你怎么愁眉苦脸的？

女：这孩子老跟一些不怎么样的朋友在一起。

男：怪不得他最近满嘴脏话。

女：________________________？

(a) 还不是"近朱者赤，近墨者黑"吗

(b) 这不是"当局者迷，旁观者清"吗

(c) 就是说"言之无文，行之不远"了

(d) 你是说"麻雀虽小，五脏俱全"了

| 해설 | 아이의 말버릇이 나빠진 이유가 '좋지 않은(不怎么样)' 친구들과 같이 다니기 때문이라는 부부의 대화에 이어질 가장 적절한 성어 표현을 고르는 문제이다. 환경이 큰 영향을 미친다는 의미의 (a)가 정답이다. 제삼자가 객관적일 수 있다는 (b)나, 말에 꾸밈이 필요하다는 (c), 작아도 다 갖추고 있다는 (d)는 대화의 상황에 어울리는 성어가 아니다.

번역

남: 당신 왜 얼굴이 우거지상이에요?

여: 얘가 늘 좋지 않은 친구들하고 같이 다녀서요.

남: 어쩐지 얘가 입만 열면 욕이더라니.

여: ________________________?

(a) 좋은 사람을 가까이 하면 좋게 변하고 나쁜 사람을 가까이 하면 나쁘게 변한다고 하잖아요

(b) 당사자보다 제삼자가 더 잘 안다고 하잖아요

(c) 결국 말이나 글에 꾸밈이 없으면 널리 알려지지 못하게 되죠

(d) 아무리 작은 규모라도 있을 것은 다 있다는 것이죠

자구 풀이

- 愁眉苦脸(chóu méi kǔ liǎn) 우거지상이다
- 脏话(zānghuà) 욕
- 近朱者赤，近墨者黑(jìn zhū zhě chì, jìn mò zhě hēi) 주사(朱砂)를 가까이하면 붉게 되고 먹을 가까이하면 검게 물든다 (좋은 사람을 가까이하면 좋게 변하고 나쁜 사람을 가까이하면 나쁘게 변한다)
- 当局者迷，旁观者清(dāng jú zhě mí, páng guān zhě qīng) 바둑 두는 사람은 몰라도 훈수 두는 사람은 잘 안다 (당사자보다 제삼자가 더 잘 안다)
- 言之无文，行之不远(yán zhī wú wén, xíng zhī bù yuǎn) 말이나 글에 꾸밈이 없으면 널리 알려지지 못한다
- 麻雀虽小，五脏俱全(má què suī xiǎo, wǔ zàng jù quán) 참새가 아무리 작아도 오장육부는 다 갖추고 있다 (아무리 작은 규모라도 있을 것은 다 있다)

28 女：你怎么才来？比赛都结束了。

男：结果呢？赢了没有？

女：那还用问？太过瘾了！

男：__________________。

(a) 喝水不忘挖井人嘛

(b) 千里迢迢找亲人嘛

(c) 书中自有黄金屋啊

(d) 功夫不负有心人啊

| 해설 | 응원하는 팀이 열심히 하여 이긴 것이 물어볼 필요가 없을 정도로 '당연하다(还用问)'는 말에 대한 적절한 응답을 고르는 문제이다. 노력은 사람을 배신하지 않는다는 (d)가 정답이다. (a), (b), (c)는 대화 내용과 어울리지 않는 표현이다.

번역 여: 너 왜 이제서야 왔어? 경기는 벌써 끝났어.

남: 결과는? 이겼니?

여: 물어볼 필요가 있니? 정말 대단했지!

남: ______________________________.

(a) 물을 마실 때는 우물 판 사람을 잊지 말아야 하잖아

(b) 천 리 길도 마다 않고 가족을 찾아간다잖아

(c) 책 속에 황금 집이 있다잖아

(d) 노력은 사람을 배신하지 않네

자구 풀이

- 赢(yíng) 이기다
- 过瘾(guòyǐn) 굉장하다
- 喝水不忘挖井人(hē shuǐ bú wàng wā jǐng rén) 물을 마실 때는 우물 판 사람을 잊지 않는다 (은혜를 잊지 않는다)
- 千里迢迢找亲人(qiān lǐ tiáo tiáo zhǎo qīn rén) 천 리 길도 마다 않고 가족을 찾아가다
- 书中自有黄金屋(shū zhōng zì yǒu huáng jīn wū) 책 속에 황금 집이 있다 (공부를 열심히 하면 부귀영화를 누릴 수 있다)
- 功夫不负有心人(gōng fu bú fù yǒu xīn rén) 노력은 사람을 배신하지 않는다

29

男：想采访我们董事长？算了吧，他从不和记者打交道。
女：我还是想再碰碰运气，您就帮我再联系一次吧。
男：你呀，怎么就不撞南墙不回头呢？
女：＿＿＿＿＿＿＿＿＿＿＿＿。

(a) 丢了芝麻捡西瓜嘛
(b) 伸手不打笑脸人嘛
(c) 我不到黄河心不死啊
(d) 我是有理走遍天下啊

| 해설 | 어떻게든 회장을 취재하려는 기자에게 고집이 세다고 한 말에 대한 적절한 응답을 고르는 문제이다. 될 때까지 할 거라는 기자의 고집을 보여 주는 (c)가 정답이다. 대화와 선택지 모두 중국어 관용 표현이 사용되었으므로 상황에 적절한 표현을 고르는 것이 중요하다. 대화에 쓰인 표현은 '남쪽의 벽에 부딪히지 않으면 돌아서지 않는다(不撞南墙不回头)'는 의미이고 선택지 (c)는 '황허강에 다다르지 않으면 단념하지 않는다(不到黄河心不死)'는 의미로 두 표현 모두 고집이 센 것을 나타내고 있다.

번역

남: 우리 회장님을 취재할 생각이라고요? 됐어요. 회장님은 여태껏 기자들을 상대한 적이 없어요.
여: 전 그래도 운에 맡겨 볼 생각인데요. 선생님께서 다시 한 번 연락해 주세요.
남: 이 보세요, 왜 그렇게 고집이 세요?
여: ＿＿＿＿＿＿＿＿＿＿＿＿＿＿＿＿＿＿.

(a) 얻는 것보다 잃는 것이 많잖아요
(b) 웃는 얼굴에 침 못 뱉는다잖아요
(c) 전 될 때까지 할 거거든요
(d) 전 이치에 맞으면 두려울 것이 없거든요

자구 풀이

- 采访(cǎifǎng) 취재하다
- 董事长(dǒngshìzhǎng) 회장
- 记者(jìzhě) 기자
- 打交道(dǎjiāodào) 상대하다
- 碰运气(pèng yùnqi) 운에 맡기다
- 不撞南墙不回头(bú zhuàng nán qiáng bù huí tóu) 남쪽의 벽에 부딪히지 않으면 돌아서지 않는다 (고집이 세다)
- 丢了芝麻捡西瓜(diū le zhī ma jiǎn xī guā) 참깨는 주웠으나 수박을 잃다 (얻는 것보다 잃는 것이 많다)
- 伸手不打笑脸人(shēn shǒu bù dǎ xiào liǎn rén) 웃는 얼굴에 손을 내밀어 때리지 않는다 (웃는 얼굴에 침 못 뱉는다)
- 不到黄河心不死(bú dào huáng hé xīn bù sǐ) 황허강에 다다르지 않으면 단념하지 않는다 (목적을 달성하기 전에는 그만두지 않는다)
- 有理走遍天下(yǒu lǐ zǒu biàn tiān xià) 도리에 맞으면 세상 어디라도 떳떳하게 다닌다 (이치에 맞으면 두려울 것이 없다)

30

女：听说您曾经是全国少年蛙泳冠军？

男：好汉不提当年勇啊。

女：现在不游了？

男：＿＿＿＿＿＿＿＿＿＿。

(a) 开小差儿，被炒了

(b) 发福了，游不动喽

(c) 当年啊，没什么建树

(d) 你说蝶泳啊，耗体力

| 해설 | 어렸을 때 평영 챔피언이었던 사람에게 지금은 수영을 하지 않느냐고 묻는 말에 대한 적절한 응답을 고르는 문제이다. '살이 쪄서(发福)' 힘들다고 한 (b)가 정답이다. 평영 수영 챔피언이었으므로 (a)와 (c)는 의미상으로 어울리지 않으며 (d)는 '평영(蛙泳)'이 아닌 '접영(蝶泳)'을 말하여 정답이 될 수 없다.

번역

여: 예전에 전국 소년 평영 챔피언이었다면서요?

남: 다 지나간 일이고 자랑할 것이 못 돼요.

여: 지금은 수영 안 하세요?

남: ＿＿＿＿＿＿＿＿＿＿＿＿＿＿.

(a) 다른 데 정신이 팔려서 해고 당했어요

(b) 살이 쪄서 수영이 힘들어요

(c) 그때 별 실적이 없었어요

(d) 접영이라면 체력 소모가 많죠

자구 풀이

- 曾经(céngjīng) 예전에
- 蛙泳(wāyǒng) 평영
- 冠军(guànjūn) 챔피언
- 好汉不提当年勇(hǎo hàn bù tí dāng nián yǒng) 사내대장부는 자신의 과거를 자랑하지 않는다
- 开小差儿(kāi xiǎochāir) 정신을 팔다
- 被炒(bèi chǎo) 해고당하다
- 发福(fāfú) 살이 찌다
- 建树(jiànshù) 실적
- 蝶泳(diéyǒng) 접영
- 耗(hào) 소모하다

Part III

| 문제 31~40 | 다음 대화를 잘 듣고 제시하는 질문에 대한 가장 적절한 응답을 고르시오.

31

男：喂，你找谁呀？
女：我找小王。
男：对不起，他不在。
女：他什么时候回来？
男：晚上八点以后你再打吧。
女：好的，我晚上再打吧。

问：女的在做什么？

(a) 看电影
(b) 打电话
(c) 找东西
(d) 写作业

| 해설 | 여자가 찾는 사람이 부재 중이어서 '저녁에 다시 전화하겠다(晚上再打)'라는 표현이 사용되었으므로 여자는 지금 전화를 하고 있음을 알 수 있다. 전화를 하고 있다고 한 (b)가 정답이고 (a), (d)는 내용과 관련이 없으며 (c)는 물건을 찾고 있다고 하였으므로 정답이 아니다.

번역

남: 여보세요? 어느 분 찾으십니까?

여: 샤오왕을 찾습니다만.

남: 죄송합니다. 지금 안 계세요.

여: 언제 오시나요?

남: 저녁 8시 이후에 다시 전화해 보세요.

여: 알겠습니다. 저녁에 다시 전화 드릴게요.

[질문] 여자는 무엇을 하고 있습니까?

(a) 영화를 보고 있다

(b) 전화를 하고 있다

(c) 물건을 찾고 있다

(d) 숙제를 하고 있다

자구 풀이

- 找(zhǎo) 찾다
- 什么时候(shénme shíhou) 언제
- ~以后(yǐhòu) ~이후에
- 再(zài) 다시

32 女：小明，吃饭了。

男：妈，我要迟到了，今天就不吃早饭了。

女：那怎么行？

男：没事儿，我一会儿到学校买个面包吃。

女：一定得买呀？

男：知道了。

问：妈妈让儿子买什么？

(a) 面包
(b) 米饭
(c) 咖啡
(d) 可乐

| 해설 | 아들이 학교에 늦어서 아침을 못 먹는 상황이다. 엄마의 걱정에 아들은 학교에 도착해서 '빵을 사 먹을 것(买个面包吃)'이라고 답변하고 엄마는 '꼭 사(먹으)라고(一定得买)' 한다. 질문에서 엄마가 아들에게 꼭 사 먹으라고 한 것은 빵이므로 (a)가 정답이다.

번역

여: 샤오밍, 밥 먹어라.

남: 엄마, 나 지각할 것 같아요. 오늘 아침 안 먹을래요.

여: 그럼 안 되지.

남: 괜찮아요. 좀 있다 학교 도착해서 빵 사 먹으면 돼요.

여: 꼭 사 먹어라 응?

남: 알겠어요.

[질문] 엄마는 아들에게 무엇을 사라고 하였습니까?

(a) 빵
(b) 쌀밥
(c) 커피
(d) 콜라

자구 풀이

- 迟到(chídào) 지각하다

33

男：这两封信您往哪儿寄啊？
女：都是寄往韩国的。
男：得称一下。
女：放这儿行吗？
男：行，一共三十块钱。
女：好，给您。

问：他们可能在哪儿说话？

(a) 餐厅
(b) 银行
(c) 书店
(d) 邮局

| 해설 | 편지를 '한국으로 보내는(寄往韩国)' 상황이다. 우체국에서 많이 쓰이는 '편지(信)', '보내다(寄)', '무게를 달다(称)', '놓다(放)' 등의 표현이 많이 쓰이고 있으므로 정답은 (d)이다. 이러한 표현들은 (a), (b), (c) 등의 장소에서는 사용되지 않는다.

번역

남: 이 편지 두 통은 어디로 보내시나요?
여: 모두 한국으로 보내 주세요.
남: 무게를 한번 달아 봐야 합니다.
여: 여기 놓으면 될까요?
남: 네, 모두 다 해서 30위안입니다.
여: 네, 여기 있어요.

[질문] 이 사람들은 어디에서 대화하고 있을 것 같습니까?

(a) 식당
(b) 은행
(c) 서점
(d) 우체국

자구 풀이

- 封(fēng) 통
- 寄(jì) 보내다
- 往(wǎng)~ ~으로
- 称(chēng) (무게를) 달다
- 放(fàng) 놓다

34 女：来了，来了，快招手。

男：哎呀，车里有人。

女：糟了，再不走就晚了。

男：今天出租车怎么这么少啊？

女：你看，你看，空车。快，快，快招手！

男：哦！谢天谢地！

问：他们在做什么？

(a) 买车

(b) 打车

(c) 开车

(d) 洗车

| 해설 | 택시를 잡으려 '손을 흔들고(招手)' 있는 상황이다. 손님이 있는 차도 있었지만 드디어 빈 차가 와서 바쁘게 손을 다시 흔들고 있다. 따라서 이 사람들이 하고 있는 것은 (b)'택시 잡기(打车)'이다. 선택지 (a), (c), (d)는 모두 차와 관련이 있는 표현이지만 정답은 아니다.

번역 여: 왔다. 왔다. 빨리 손 흔들어.

남: 아이고, 차 안에 사람 있어.

여: 큰일이네. 또 못 타면 늦는데.

남: 오늘 택시가 왜 이렇게 적은 거지?

여: 저기, 저기, 빈 차다. 빨리 빨리 빨리 손 흔들어!

남: 와! 천만다행이네.

[질문] 이 사람들은 무엇을 하고 있습니까?

(a) 차를 사고 있다
(b) 택시를 잡고 있다
(c) 운전을 하고 있다
(d) 세차를 하고 있다

자구 풀이

- 招手(zhāo shǒu) 손을 흔들다
- 糟(zāo) 엉망이 되다
- 晚(wǎn) 늦다
- 出租车(chūzūchē) 택시
- 少(shǎo) 적다
- 空车(kōng chē) 빈 차
- 哦(ò) (감탄사) 와
- 谢天谢地(xiè tiān xiè dì) 천만다행이다 (천지신명께 감사하다)
- 打车(dǎ chē) 택시를 잡다

35 男：我穿那件新买的毛衣去吧。

女：不行，不行！得穿西服。

男：穿西服不舒服。

女：那也不行。去喝喜酒，得讲究些。

男：真是的！哪儿来那么多规矩。

女：哎呀！你怎么扎黑色的领带呀？红的，红的！

问：他们要去哪儿？

(a) 去旅游
(b) 去开会
(c) 去买衣服
(d) 去参加婚礼

| 해설 | 여자의 '결혼 축하주를 마시러 가다(去喝喜酒)'라는 말에서 결혼식에 가려 하고 있음을 알 수 있다. '양복을 입어야 한다(得穿西服)', '빨간색 넥타이를 매야 한다(扎红色的领带)' 등의 표현도 결혼식에 가는 상황임을 뒷받침해 주고 있다. 따라서 어디에 갈 것인가에 대한 가장 적절한 응답은 (d)이다. (a), (b), (c)는 결혼 축하주를 마시러 가는 상황과 관련이 없다.

번역

남: 나 새로 산 스웨터 입고 나갈게요.

여: 안 돼요, 안 돼요! 양복을 입어야죠.

남: 양복 입으면 불편해요.

여: 그래도 안 돼요. 결혼 축하주를 마시러 가니까 신경 좀 써야죠.

남: 나 원 참! 그런 많은 규칙은 다 어디서 나왔는지.

여: 아이고! 당신 왜 검정색 넥타이를 매요? 빨간색, 빨간색!

[질문] 이 사람들은 어디에 가려고 합니까?

(a) 여행을 가다
(b) 회의하러 가다
(c) 옷을 사러 가다
(d) 결혼식에 참석하러 가다

자구 풀이

- 毛衣(máoyī) 스웨터
- 西服(xīfú) 양복
- 喝喜酒(hē xǐjiǔ) 결혼 축하주를 마시다
- 讲究(jiǎngjiu) 신경 쓰다
- 规矩(guīju) 규칙
- 扎(zā) 매다
- 黑色(hēisè) 검정색
- 领带(lǐngdài) 넥타이
- 参加(cānjiā) 참석하다
- 婚礼(hūnlǐ) 결혼식

36

女：明天去故宫，几点出发啊？

男：早上六点半。

女：都谁去啊？

男：就咱们俩。

女：小王他们呢？

男：他们两口子临时有事儿去不了了。

问：听了这段对话，我们可以知道什么？

(a) 他们原定四个人一起去玩儿

(b) 他们明天临时有事儿不出去了

(c) 小王他们夫妻俩打算明天去故宫

(d) 小王他们家人一般早上六点吃早饭

| 해설 | 대화의 세부 내용을 묻는 질문이므로 주의하여야 한다. 내일 고궁에 놀러 가기로 한 상황에서 구체적인 인원과 시간을 물어보는 대화이다. 가장 마지막의 '샤오왕네 부부가 일시적으로 일이 생겨서 못 가게 되었다(小王两口子临时有事儿去不了了)'가 문제의 키포인트이다. (b), (c)는 이 말과 논리적으로 모순되어 답이 될 수 없고 (d)는 대화의 내용과 무관한 내용이다. '원래 네 사람으로 정했다(原定四个人)'라고 답한 (a)가 정답이다.

번역

여: 내일 고궁 가는 거 몇 시 출발이야?

남: 아침 6시 반.

여: 누구누구 가는데?

남: 우리 둘.

여: 샤오왕네는?

남: 샤오왕네는 갑자기 일이 생겨서 못 가게 됐어.

[질문] 대화를 들었을 때 무엇을 알 수 있습니까?

(a) 이 사람들은 원래 네 사람이 함께 놀러 가는 것으로 정했다
(b) 이 사람들은 내일 갑자기 일이 생겨서 나가지 못하게 됐다
(c) 샤오왕네 부부 두 사람은 내일 고궁에 갈 계획이다
(d) 샤오왕네 가족은 보통 여섯 시에 아침을 먹는다

자구 풀이

- 故宫(gùgōng) 고궁
- 出发(chūfā) 출발하다
- 俩(liǎ) 두 사람
- 两口子(liǎngkǒuzi) 부부 두 사람
- 临时(línshí) 갑자기, 잠시

37

男：怎么样？小伙子不错吧？

女：长得还行。就是……

男：就是什么？

女：没房子。我妈不同意。

男：你嫁人还是嫁房子啊？

女：我妈不同意，又不是我。

问：女的的妈妈为什么不满意这小伙子？

(a) 男的长得一般

(b) 男的没有工作

(c) 男的没有房子

(d) 男的学历不高

| 해설 | 대화의 세부 내용을 묻는 질문이므로 주의하여야 한다. 대화에서 여자는 소개받은 남자가 잘 생겼지만 내키지 않는 이유로 '집이 없어서 엄마가 동의하지 않는 것(没房子，我妈不同意)'을 들고 있다. 따라서 여자의 엄마가 불만인 이유로 가장 적절한 정답은 (c)이다. (a)는 대화의 내용과 모순되고 (b), (d)는 대화에서 언급되지 않은 내용이다.

번역

남: 어때? 이 남자 괜찮지?

여: 생긴 건 괜찮아. 그런데……

남: 그런데 뭐?

여: 집이 없잖아. 엄마가 동의하지 않아.

남: 넌 사람한테 시집가니 집한테 시집가니?

여: 엄마가 찬성하지 않는다고, 내가 아니야.

[질문] 여자의 엄마는 왜 그 남자에게 불만이 있습니까?

(a) 남자 외모가 평범하다
(b) 남자가 직업이 없다
(c) 남자가 집이 없다
(d) 남자 학력이 낮다

자구 풀이

- 小伙子(xiǎohuǒzi) 젊은 남자
- 长(zhǎng) (외모가 어떻게) 생기다
- 嫁(jià) 시집가다
- 满意(mǎnyì) 만족하다
- 学历(xuélì) 학력

38

女：您好！这里是富力房屋中介。

男：你好！我想问一下你们网站上的一套房子。

女：哪套？六十平方米的还是八十平方米的？

男：六十平方米的，每月租两千二的那套。

女：哦，您打算从什么时候开始租？

男：下个月。

问：根据这段对话可知，男的要做什么？

(a) 想买电脑
(b) 想修电视
(c) 想找工作
(d) 想租房子

| 해설 | 부동산에 전화를 걸어 임대할 집을 알아보는 대화이다. '부동산 중개(房屋中介)', '집(房子)', '집을 임대하다(租房子)' 등의 표현이 사용되어 집을 임대하기 위한 상황임을 알 수 있다. (d)가 정답이고 (a), (b), (c)는 대화의 내용과 상관 없는 내용이다.

번역

여: 안녕하세요. 푸리 부동산입니다.

남: 안녕하세요. 그쪽 인터넷 사이트에 나와 있는 집을 하나 문의 좀 드리려고요.

여: 어느 집인가요? 60제곱미터 집인가요, 80제곱미터 집인가요?

남: 60제곱미터 집입니다. 매달 월세가 2,200위안인 집이요.

여: 아 네, 손님, 언제부터 임대하실 생각이세요?

남: 다음 달이요.

[질문] 이 대화에 따르면 남자는 무엇을 하려고 합니까?

(a) 컴퓨터를 사려고 한다
(b) 텔레비전을 수리하려 한다
(c) 일을 찾으려 한다
(d) 집을 임대하려 한다

자구 풀이

- 房屋中介(fángwū zhōngjiè) 부동산 중개
- 网站(wǎngzhàn) 인터넷 사이트
- 套(tào) 세트
- 平方米(píngfāngmǐ) 제곱미터
- 租(zū) 임대하다
- 电脑(diànnǎo) 컴퓨터
- 修(xiū) 수리하다
- 电视(diànshì) 텔레비전

39

男：我买了台新电脑。

女：你以前不是有电脑吗？

男：啊，那台都用了两三年了。

女：你这更新换代也太快了点儿吧？

男：这还算快啊？人家有的是一年换一台。

女：人家是人家，你是你。

问：女的的最后一句话是什么意思？

(a) 劝男的换台电脑

(b) 嫌男的太过小气

(c) 埋怨男的随大溜

(d) 认为男的有个性

| 해설 | 남자가 컴퓨터를 새로 산 것에 대하여 여자가 '교체(更新换代)'가 너무 빠르다고 핀잔을 주고 있다. 남자는 이어서 더 자주 교체하는 사람을 들어 빠르지 않다고 하였고, 여자는 '그 사람들은 그 사람들이고 넌 너지(人家是人家, 你是你)'라고 받아치고 있다. 이러한 대화에서 여자의 마지막 말인 '그 사람들은 그 사람들이고 넌 너지'의 의미를 묻고 있는 문제이므로 정답은 (c)이다. (a)는 대화의 내용과 모순되며 (b), (d)는 대화와 상관없는 답변이다.

번역

남: 나 컴퓨터 새로 샀어.

여: 너 전에 컴퓨터 있었잖아?

남: 아, 그거 벌써 이삼 년이나 썼어.

여: 너 너무 빨리 바꾼 거 아니야?

남: 이게 뭐가 빨라? 일 년에 한 번 바꾸는 사람들도 더러 있어.

여: 그 사람들은 그 사람들이고 넌 너지.

[질문] 여자의 마지막 말은 무슨 의미입니까?

(a) 남자에게 컴퓨터를 바꾸라고 권유한다
(b) 남자가 지나치게 인색한 것이 싫다
(c) 남자가 남이 하는 대로 따라 하고 있다고 불평한다
(d) 남자가 개성이 있다고 여긴다

자구 풀이

- 更新换代(gēngxīn huàndài) 낡은 것을 새것으로 바꾸다
- 算(suàn) ~인 셈이다
- 人家(rénjia) 남(들)
- 劝(quàn) 권유하다
- 嫌(xián) 싫다
- 小气(xiǎoqi) 인색하다
- 埋怨(mányuàn) 불평하다
- 随大溜(suí dàliù) 남이 하는 대로 따라 하다, 부화뇌동하다
- 认为(rènwéi) 여기다
- 个性(gèxìng) 개성

40 女：你昨天怎么没来呀？
男：公司开会出不来。
女：明天能来吧？
男：明天？其实我是觉得这儿空气不好，不如去外边跑步。
女：你想打退堂鼓，是不是？
男：你怎么知道的？

问：女的认为男的要做什么？

(a) 准备发言
(b) 出去跑步
(c) 学习打鼓
(d) 放弃健身

| 해설 | 남자는 문제가 되는 장소에 대해서 '공기가 안 좋다(空气不好)', '밖에서 산책하는 것이 낫다(不如去外边散步)' 등의 이유를 들고 있다. 대화의 분위기를 보았을 때 남자가 잘 오지 않는 곳은 헬스클럽임을 짐작할 수 있다. 여자가 '너 그만두려고 하는 것이지(你想打退堂鼓)?'라고 말하는 것을 보았을 때 여자의 짐작을 묻는 질문의 답은 (d)이다. (a)는 관련이 없는 내용이고 (b)와 (c)는 대화의 어휘가 사용되었지만 정답과 거리가 멀다.

번역

여: 너 어제 왜 안 왔어?

남: 회사에서 회의가 있어서 나올 수 없었어.

여: 내일은 올 수 있어?

남: 내일? 사실 난 여기 공기가 안 좋아서 밖에서 산책하는 게 더 나을 것 같아.

여: 너 그만두려고 하는 것이지? 그렇지?

남: 너 어떻게 알았어?

[질문] 여자는 남자가 무엇을 할 것이라고 생각합니까?

(a) 발표 준비하기

(b) 나가서 산책하기

(c) 북 치는 것을 배우기

(d) 헬스 다니는 것을 포기하기

자구 풀이

- 其实(qíshí) 사실
- 空气(kōngqì) 공기
- 不如(bùrú)~ ~이 더 낫다
- 跑步(pǎobù) 달리다
- 打退堂鼓(dǎ tuìtánggǔ) 중도에서 그만두다 (퇴청의 북을 울리다)
- 发言(fāyán) 발표하다
- 打鼓(dǎgǔ) 북을 치다
- 放弃(fàngqì) 포기하다
- 健身(jiànshēn) 신체를 건강하게 하다

Part IV

| 문제 41~50 | 다음 글을 듣고 제시하는 질문에 대한 가장 적절한 답을 고르시오.

41 从前我喜欢喝茶，可最近喜欢喝咖啡。因为我喜欢上了那种一个人坐在咖啡厅里，一边喝咖啡一边听音乐或者看书、学习的感觉。

问：这段话主要说了什么内容？

(a) 他为什么喜欢喝茶
(b) 他为什么喜欢看书
(c) 他为什么喜欢喝咖啡
(d) 他为什么喜欢学外语

| 해설 | 지문은 차보다 커피를 좋아하게 된 것이 커피숍의 분위기 때문이라고 말하고 있다. 지문이 무엇을 말하고 있는지에 대한 답은 '커피 마시는 것을 좋아하게 된 이유(为什么喜欢喝咖啡)'라고 한 (c)이다. (a)와 (b)는 지문과 관련된 단어가 나와 있지만 정답은 아니고 (d)는 지문과 관련이 없는 내용이다.

번역 예전에 나는 차를 좋아했는데 요즘은 커피를 좋아한다. 혼자서 커피숍에 앉아 커피를 마시면서 음악을 듣거나 책 읽고 공부하는 느낌을 좋아하게 되었기 때문이다.

[질문] 이 내용은 주로 무엇을 말하고 있습니까?

(a) 그 사람이 차를 좋아하는 이유
(b) 그 사람이 책 보는 것을 좋아하는 이유
(c) 그 사람이 커피를 좋아하는 이유
(d) 그 사람이 외국어 공부를 좋아하는 이유

자구 풀이

- 从前(cóngqián) 예전
- 茶(chá) 차
- 咖啡(kāfēi) 커피
- 因为(yīnwèi) 왜냐하면
- ~上(shàng) (결과보어로 쓰여) ~하기 시작하다
- 种(zhǒng) 종류
- 咖啡厅(kāfēitīng) 커피숍
- 一边(yìbiān)~一边(yìbiān)… ~도 하고 …도 하다
- 听音乐(tīng yīnyuè) 음악을 듣다
- 看书(kàn shū) 책을 보다
- 感觉(gǎnjué) 느낌
- 主要(zhǔyào) 주로
- 内容(nèiróng) 내용
- 学(xué) 배우다
- 外语(wàiyǔ) 외국어

42 现在很多人有钱没钱都买车，但也有不少人仍然骑车上下班。骑车最大的好处就是不用汽油，不污染空气，没有噪音，又省钱又环保，还可以锻炼身体。

问：这段话介绍了什么？

(a) 汽车
(b) 火车
(c) 摩托车
(d) 自行车

| 해설 | 지문은 자동차와 관련된 이야기로 시작되고 있지만 '기름이 필요 없고(不用汽油)', '공기를 오염시키지 않는(不污染空气)' 등 자전거의 장점을 주로 이야기하는 것이다. 어떤 교통수단을 소개하고 있느냐는 질문의 답은 (d) 자전거이다. (a) 자동차는 자전거와 비교를 위해 언급되었으며 (b), (c)는 지문과 상관이 없다.

번역 요즘 돈이 있든 없든 자동차를 구입하는 사람들이 많지만 여전히 자전거로 출퇴근하는 사람도 적지 않다. 자전거의 최대 장점은 기름이 필요 없고 공기를 오염시키지 않으며 소음도 없어서 돈도 절약하고 환경도 보호하고 또 운동도 할 수 있다는 점이다.

[질문] 이 내용은 무엇을 소개하고 있습니까?

(a) 자동차
(b) 기차
(c) 오토바이
(d) 자전거

자구 풀이

- 仍然(réngrán) 여전히
- 骑车(qíchē) 자전거를 타다
- 好处(hǎochù) 장점
- 汽油(qìyóu) 휘발유
- 污染(wūrǎn) 오염시키다
- 噪音(zàoyīn) 소음
- 省钱(shěngqián) 돈을 절약하다
- 环保(huánbǎo) '환경보호(环境保护)'의 줄임말
- 锻炼(duànliàn) (몸을) 단련하다
- 身体(shēntǐ) 신체, 건강
- 汽车(qìchē) 자동차
- 火车(huǒchē) 기차
- 摩托车(mótuōchē) 오토바이

43 儿童处在生长发育的旺盛时期，注重补充丰富的蛋白质和钙尤为重要。牛奶和鸡蛋富含蛋白质和矿物质及钙、铁、磷等，早餐时外加一杯牛奶或一个鸡蛋，能够更好地促进儿童的骨骼生长和发育。

问：听了这段话，我们可以知道什么？

(a) 平时注意吃早餐非常重要
(b) 儿童早上吃鸡蛋不易消化
(c) 牛奶可促进儿童的生长发育
(d) 儿童的生长发育有规律可循

| 해설 | 지문은 아동의 식사에서 단백질과 칼슘 등을 보충하는 것이 중요하다는 내용이다. 단백질과 칼슘의 섭취와 관련하여 '아침식사에 우유나 계란을 추가로 섭취하여(早餐时外加一杯牛奶或一个鸡蛋)' '골격 성장과 발육을 촉진(促进骨骼生长和发育)'시킬 수 있다고 한 내용에 비추어 보았을 때 (c)가 정답이다. (a), (d)는 지문과 무관한 일반적인 말이고 (b)는 지문에 제시되지 않은 내용이다.

번역 아동기는 성장 발육이 왕성한 시기로 풍부한 단백질과 칼슘을 보충하는 데 중점을 두는 것이 더욱 중요하다. 우유와 계란에는 단백질과 미네랄, 칼슘, 철분, 인 등이 풍부하게 함유되어 있으므로 아침식사에 우유 한 잔이나 계란 한 개를 더하면 아동의 골격 성장과 발육을 더욱 촉진시킬 수 있다.

[질문] 이 내용으로 무엇을 알 수 있습니까?

(a) 평소에 아침 식사를 잘 챙겨서 먹는 것은 상당히 중요하다
(b) 아동은 아침에 계란을 먹으면 소화가 쉽지 않다
(c) 우유는 아동의 성장발육을 촉진할 수 있다
(d) 아동의 성장발육에는 지켜야 할 규칙이 있다

자구 풀이

- 儿童(értóng) 아동
- 生长(shēngzhǎng) 성장하다
- 发育(fāyù) 발육하다
- 旺盛(wàngshèng) 왕성하다
- 注重(zhùzhòng) 중점을 두다
- 补充(bǔchōng) 보충하다
- 丰富(fēngfù) 풍부하다
- 蛋白质(dànbáizhì) 단백질
- 钙(gài) 칼슘
- 尤(yóu) 더욱
- 重要(zhòngyào) 중요하다
- 矿物质(kuàngwùzhì) 미네랄
- 铁(tiě) 철분
- 磷(lín) 인
- 能够(nénggòu)~ ~할 수 있다
- 促进(cùjìn) 촉진하다
- 骨骼(gǔgé) 골격
- 消化(xiāohuà) 소화하다
- 规律(guīlǜ) 규칙

44 阳光沐浴下的巴黎左岸林立着千姿百态的咖啡馆，这里曾是艺术家们灵感的天堂，历经百载，风华依旧，仿佛流逝的只有岁月和那悠悠的塞纳河。今天，当你缓步于塞纳河左岸，在那仍是高朋满座的巴黎咖啡馆里，一样可感受到雪莱的浪漫情怀和海明威的迷茫、彷徨。

问：下面哪一项适合做这段话的题目？

(a) 时光荏苒，岁月如梭

(b) 百年老店，风光依旧

(c) 咖啡飘香，尽显醉人风情

(d) 一杯热咖啡，情浓意更浓

| 해설 | 지문은 파리 커피숍의 정경을 묘사한 글이다. 지문의 제목으로 적당한 것을 고르는 문제이므로 지문에 대한 전반적인 이해가 필요하다. '백 년의 세월을 겪으면서도 우아함은 여전하여(历经百载，风华依旧)'라는 표현과 '흘러가는 것은 세월과 한가로운 센강만 있는 듯하다(仿佛流逝的只有岁月和那悠悠的塞纳河)'라는 표현에서 오랜 시간 동안 변하지 않는 커피숍들에 대한 묘사임을 알 수 있다. 정답은 (b)이다. (a)는 '변하지 않는 것(依旧)'이 빠져 있고 (c), (d)는 커피에만 중심을 두었다.

번역 햇볕이 내리쬐는 파리 좌안은 온갖 자태의 커피숍들이 즐비하다. 여기는 예술가들이 영감을 얻는 곳으로 유명한 곳이었는데 백 년의 세월을 겪으면서도 우아함은 여전하여 흘러가는 것은 마치 시간과 한가로운 센강만 있는 듯하다. 오늘 당신이 센강의 왼쪽 기슭을 거닐면 여전히 많은 사람으로 붐비는 파리의 커피숍에서 셸리의 낭만적인 기분과 헤밍웨이의 아득하게 방황하는 분위기를 똑같이 느껴 볼 수 있을 것이다.

[질문] 다음에서 이 문장의 제목으로 적당한 것은 무엇입니까?

(a) 시간은 덧없고 세월은 쏜살같다
(b) 백 년 된 가게들은 여전히 변하지 않은 풍경을 자랑한다
(c) 은은한 커피 향이 사람을 심취하게 만든다
(d) 뜨거운 커피 한 잔으로 마음이 더욱 깊어진다

자구 풀이

- 阳光(yángguāng) 햇볕
- 沐浴(mùyù) (햇볕 등이) 내리쬐다
- 林立(línlì) 즐비하다
- 千姿百态(qiān zī bǎi tài) 온갖 자태
- 灵感(línggǎn) 영감
- 天堂(tiāntáng) 천당
- 风华(fēnghuá) 우아함
- 仿佛(fǎngfú) 마치 …인 듯하다
- 流逝(liúshì) (물처럼) 흘러가다
- 悠悠(yōuyōu) 한가롭다, 느긋하다
- 塞纳河(sàinàhé) 센강
- 缓步(huǎnbù) 거닐다, 천천히 걷다
- 高朋满座(gāo péng mǎn zuò) 손님이 아주 많다
- 雪莱(Xuělái) 셸리 (퍼시 비시 셸리, 영국의 낭만파 시인)
- 浪漫(làngmàn) 낭만적이다
- 情怀(qínghuái) 심경, 심정, 기분
- 海明威(Hǎimíngwēi) 헤밍웨이
- 迷茫(mímáng) 아득하다, 망망하다
- 彷徨(pánghuáng) 방황하다

45 国际旅行让人无限向往，但如果是跨时区旅行，那各位“驴友”可要注意了，因为你会遇到时差的问题。时差倒不过来，会使人疲劳、烦躁，让你白天想打盹儿，晚上又睡不着，弄不好会让你的旅行“乘兴而去，扫兴而归”。

问：这段话主要谈了什么？

(a) 时差产生的原因
(b) 时差造成的影响
(c) 受时差影响的人
(d) 克服时差的方法

| 해설 | 지문은 여행과 시차에 관한 내용이다. 시차가 '여행자를 피로하고 초조하게 만들 수 있어(会使人疲劳、烦躁)' '흥이 나서 갔지만, 흥이 깨져 돌아오는(乘兴而去，扫兴而归)' 여행이 될 수 있음을 경고하고 있다. 이 지문이 주로 이야기하는 것은 (b) 시차가 초래하는 영향이다. (a), (d)는 지문에 언급되지 않았으며 (c)는 시차의 영향을 받은 특정인을 말하고 있으므로 지문의 주제가 될 수 없다.

번역 사람들은 해외 여행을 동경한다. 그러나 만약 다른 표준시간대 지역의 여행이라면 "배낭여행족" 분들은 많이 주의하여야 하는데 그 이유는 시차의 문제와 마주치게 될 수 있기 때문이다. 시차 적응이 안되면 여행자는 피로해지고 초조해질 수 있어 낮에는 꾸벅꾸벅 졸고 밤에는 잠들지 못하게 되는데 잘못하면 "흥이 나서 갔지만 흥이 깨져 돌아오는" 여행이 될 수 있다.

[질문] 이 내용이 주로 이야기하는 것은 무엇입니까?

(a) 시차가 만들어지는 원인
(b) 시차가 초래하는 영향
(c) 시차의 영향을 받은 사람
(d) 시차를 극복하는 방법

자구 풀이

- 国际(guójì) 국제
- 无限(wúxiàn) 끝이 없다, 무한하다
- 向往(xiàngwǎng) 동경하다, 열망하다
- 跨(kuà) 뛰어넘다
- 驴友(lǘyǒu) 배낭여행족
- 时差(shíchā) 시차
- 倒(dǎo) 바꾸다, 변경시키다
- 疲劳(píláo) 피로하다
- 烦躁(fánzào) 초조하다
- 打盹儿(dǎdǔnr) 꾸벅꾸벅 졸다
- 弄不好(nòngbuhǎo) 잘못하면
- 扫兴(sǎoxìng) 흥이 깨지다

46 上周去海边度假，玩儿得兴起，一个不小心，手机掉到了海水里。没办法，回来只好又新买了一个。唉，可惜了我手机里的那些镶嵌着美好回忆的照片和视频，还有那么多希望珍藏起来的短信。

问：听了这段话，我们可以知道什么？

(a) 夏日的海边人满为患
(b) 说话人换了部新手机
(c) 手机拍照一样能出彩
(d) 手机拍视频极占内存

| 해설 | 지문은 바닷가에 가서 휴가를 보내다가 휴대전화를 물에 빠뜨린 사연을 담고 있다. 어쩔 수 없이 '새것 하나를 또 샀다(又新买了一个)'라는 말이 중요한 부분이다. 질문은 지문의 내용을 듣고 알 수 있는 것은 무엇인가이므로 (b)가 정답이다. (a), (c), (d)는 지문에 언급되지 않은 내용이다.

번역 지난주에 바닷가에 가서 휴가를 보냈다. 신나게 놀다가 잠깐 실수로 휴대전화를 바닷물에 빠뜨렸다. 어쩔 수 없이 돌아와서 새것 하나를 또 사야만 했다. 아! 내 휴대전화 안에 저장된 아름다운 추억 사진과 영상, 또 소중히 간직하고 싶은 너무나 많은 문자가 아까웠다.

[질문] 이 내용을 듣고 알 수 있는 것은 무엇입니까?

(a) 여름 바닷가는 사람이 많아 골칫거리이다
(b) 말하는 사람은 휴대전화를 새로 바꿨다
(c) 휴대전화로도 충분히 멋진 사진을 찍을 수 있다
(d) 휴대전화로 영상을 찍으면 메모리를 상당히 차지한다

자구 풀이

- 海边(hǎibiān) 해변
- 度假(dùjià) 휴가를 보내다
- 掉(diào) 빠뜨리다
- 可惜(kěxī) 애석하다
- 镶嵌(xiāngqiàn) 끼워 넣다
- 回忆(huíyì) 추억
- 视频(shìpín) 동영상
- 珍藏(zhēncáng) 소중히 간직하다
- 短信(duǎnxìn) 문자 메시지

47 医学研究表明，人到50岁后生理上开始退化，如果不及时调整，会逐渐形成老年人心理压抑综合症。改善的有效方法便是在日常生活中多与人交往，如常和亲朋好友出去兜兜风，尝尝鲜。另外放下架子，多亲近晚辈也是能使自己年轻起来的小窍门儿。

问：这段话主要说了什么内容？

(a) 敞开心扉有利于缓解老化
(b) 亲朋小聚，事非在所难免
(c) 与人交往，切忌傲慢无礼
(d) 来点儿幽默可以消除误会

| 해설 | 지문은 노화가 진행되면서 생기는 심리적 억압 증후군에 대한 설명이다. 증후군 개선에 효과적인 방법은 '사람들과 자주 교류하는 것(多与人交往)'과 '자주 손아랫사람들과 가깝게 지내는 것(多亲近晚辈)'이라고 설명하였기 때문에 이 글의 요지를 묻는 질문의 답은 (a)이다. (b), (d)는 지문에서 언급되지 않은 내용이며 (c)는 '거드름 피우는 태도를 버리고(放下架子)'와 연결될 수 있지만 노인성 증후군을 언급하지 않은 일반적인 이야기이다.

번역 의학 연구에 따르면 인간은 50세 이후에 생리적으로 퇴화가 시작되기 때문에 만약 제때에 조절하지 않으면 노인성 심리적 억압 증후군이 점차적으로 형성될 수 있다고 한다. 증후군 개선에 효과적인 방법은 일상 생활에서 친척이나 친구와 자주 바람도 쐬고 맛있는 것도 먹으러 나가는 등의 방식으로 사람들과 자주 교류하는 것이다. 그 외에 거드름 피우는 태도를 버리고 자주 손아랫사람들과 가깝게 지내는 것도 자신을 젊어지게 하는 요령이다.

[질문] 이 내용이 주로 이야기하는 것은 무엇입니까?

(a) 마음의 문을 활짝 여는 것은 노화를 완화시키는 데 좋다
(b) 친척이나 친구와 작은 모임을 가질 때 말썽은 피할 수 없다
(c) 사람들과 교류할 때 오만하고 무례한 태도를 절대 삼가야 한다
(d) 유머를 좀 구사하는 것으로 오해를 풀 수 있다

자구 풀이

- 表明(biǎomíng) 밝히다
- 生理(shēnglǐ) 생리
- 退化(tuìhuà) 퇴화하다
- 及时(jíshí) 제때에
- 调整(tiáozhěng) 조정하다
- 逐渐(zhújiàn) 점점
- 压抑(yāyì) 억압하다
- 改善(gǎishàn) 개선하다
- 交往(jiāowǎng) 교류하다
- 兜风(dōufēng) (자동차 등을 타고) 바람을 쐬다
- 尝鲜(chángxiān) 맛있는 음식을 맛보다
- 放下架子(fàngxia jiàzi) 거드름 피우는 태도를 버리다
- 晚辈(wǎnbèi) 손아랫사람
- ~起来(qǐlai) (어떤 동작이 시작되어 계속됨을 나타내어) ~해지다
- 窍门儿(qiàoménr) 요령
- 敞开心扉(chǎngkāi xīnfēi) 마음의 문을 활짝 열다
- 缓解(huǎnjiě) 완화시키다
- 聚(jù) 모이다
- 事非(shìfēi) 말썽
- 在所难免(zài suǒ nán miǎn) 피할 수 없다
- 忌(jì) 삼가다
- 傲慢无礼(àomàn wúlǐ) 태도가 오만하고 예의가 없다
- 幽默(yōumò) 유머러스하다
- 消除(xiāochú) 풀다
- 误会(wùhuì) 오해

48 《清明上河图》是北宋杰出的画家张择端的传世之作，距今已有八百多年的历史。画作描绘了当时都城汴京的繁华景象和社会风情。尤其作品中的人物虽大不足三厘米，小者如豆粒，但却个个生动形象，极富情趣。

问：根据这段话，有关《清明上河图》，下面哪一项正确？

(a) 只有三厘米长
(b) 真迹失传已久
(c) 描绘的是自然风景
(d) 画中人物生动形象

| 해설 | 지문의 '청명상하도'에 관한 설명 중 맞는 것을 고르는 문제이다. 세부 내용을 모두 이해해야 하는 문제로, 특히 지문 마지막 부분의 내용을 정확하게 이해하는 것이 중요하다. '인물들은 3센티미터에 못 미치는 크기이고(人物大不足三厘米)', '수도 변경의 번화한 모습과 사회 풍속(都城汴京的繁华景象和社会风情)'을 묘사하였기 때문에 (a)와 (c)는 정답이 아니고, (b)는 지문에서 알 수 없는 내용이다. '각 인물이 생동감 있고 아주 풍부한 정취가 있는(但却个个生动形象, 极富情趣)' 것과 관련된 (d)가 정답이다.

번역 '청명상하도'는 북송의 뛰어난 화가인 장택단의 역사에 남을 뛰어난 작품으로 지금으로부터 800여 년의 역사가 있다. 작품은 그 시기 수도인 변경의 번화한 모습과 사회 풍속을 묘사하였다. 특히 작품에 있는 인물들은 3센티미터에도 못 미치는 크기이고 작은 것은 콩알만 하지만 각 인물이 생동감이 있고 아주 풍부한 정취가 있다.

[질문] 이 내용에 따르면 '청명상하도'와 관련한 아래 내용 중에서 어느 것이 맞습니까?

(a) 3센티미터밖에 안 된다

(b) 원본은 전해지지 않은 지 오래되었다

(c) 그림이 묘사한 것은 자연풍경이다

(d) 그림 속의 인물은 생동감 있고 구체적이다

자구 풀이

- 杰出(jiéchū) 뛰어나다
- 描绘(miáohuì) 묘사하다
- 汴京(Biànjīng) (도시 이름) 변경
- 繁华(fánhuá) 번화하다
- 风情(fēngqíng) 풍속
- 尤其(yóuqí) 특히
- 厘米(límǐ) 센티미터
- 豆粒(dòulì) 콩알
- 情趣(qíngqù) 정취

49 雷雨天气导致大量航班晚点，很多人都在机场等消息。他们希望明天天气能变好，这样就能在春节前赶回家。

问：根据这段话，我们可以知道什么？

(a) 人们着急上班
(b) 人们担心下雪
(c) 不少航班延误
(d) 不少航线打折

| 해설 | 지문은 '항공편 출발지연이 많이 발생한 것(大量航班晚点)'에 대한 내용이다. (a), (b), (d)에는 지문에 나온 단어와 연관이 있는 단어가 사용되었지만 내용과는 관련이 없다. 항공편이 지체되었다고 한 (c)가 정답이다.

번역 천둥, 번개가 치고 비가 오는 날씨 때문에 항공편 출발지연이 많이 발생하여 많은 사람들이 공항에서 안내방송을 기다렸다. 사람들은 모두 내일 날씨가 좋아져서 설 전에 서둘러 귀가할 수 있기를 바랐다.

[질문] 이 내용으로 우리는 무엇을 알 수 있습니까?

(a) 사람들이 서둘러 출근한다
(b) 사람들이 눈이 내릴까 봐 걱정했다
(c) 많은 항공편이 지체되었다
(d) 많은 항공 노선이 할인되었다

자구 풀이

- 雷雨(léiyǔ) 천둥과 번개를 동반한 비
- 导致(dǎozhì) 초래하다
- 航班(hángbān) 항공편
- 晚点(wǎndiǎn) 연발하다, 연착하다
- 消息(xiāoxi) 소식
- 赶(gǎn) 서두르다

50 许多消费者在超市购物后不大核对小票上的商品价格，这就让那些搞低价噱头的商家有了可趁之机。据了解，有的超市标出的价格低于大部分同行价，而结账的价格却高出一截；有的故意把过期的促销牌价保留着，迷惑消费者。超市的市场竞争确实非常激烈，但商家的这类噱头如果传开去，试问还会有人愿意光顾吗？

问：听了这段话，我们会想到下面哪一个成语？

(a) 放浪形骸
(b) 亡羊补牢
(c) 涸泽而渔
(d) 望梅止渴

| 해설 | 지문은 판매자가 가격을 속이는 '꼼수(噱头)'로 '소비자를 현혹시키는(迷惑消费者)' 행위의 천박함을 '사람들이 다시 오고 싶을까(还会有人愿意光顾吗)?'라는 반어문으로 비판하고 있는 것이다. 즉, 미래를 생각하지 않고 눈앞의 이익만을 좇는 행위를 개탄하는 내용이다. 따라서 지문의 내용에 가장 어울리는 성어는 (c) '연못의 물을 퍼내어 고기를 잡다(涸泽而渔)'이다. (a), (b), (d)는 모두 지문의 내용과 어울리지 않는 성어이다.

번역 많은 소비자들은 마트에서 상품을 구매한 후 영수증의 상품가격과 대조하는 경우가 많지 않다. 이것은 저가 속임수를 쓰는 판매자에게는 노릴 만한 기회이다. 알려진 바에 따르면 어떤 마트는 표시된 가격이 대부분 업계 가격보다 낮지만 결제 가격은 오히려 많이 높았다. 어떤 곳은 고의로 예전의 판촉 가격을 그대로 둔 채 소비자를 현혹시킨다. 마트의 시장 경쟁이 확실히 상당히 치열하기는 하지만 판매자의 이런 속임수가 계속 진행된다면 어떤 사람이 다시 오고 싶을까?

[질문] 이 내용에 따르면 우리는 다음 중 어떤 성어를 생각할 수 있습니까?

(a) 세상 예법에 얽매이지 않고 하고 싶은 대로 하다

(b) 소 잃고 외양간 고치다

(c) 연못의 물을 퍼내고 고기를 잡다

(d) 매실을 생각하며 갈증을 풀다

자구 풀이

- 消费者(xiāofèizhě) 소비자
- 购物(gòuwù) 물건을 사다
- 核对(héduì) 대조 확인하다
- 小票(xiǎopiào) 영수증
- 价格(jiàgé) 가격
- 搞(gǎo) 하다
- 噱头(xuétóu) 꼼수, 속임수
- 可趁之机(kě chèn zhī jī) 노릴 만한 기회
- 结账(jiézhàng) 계산하다
- 截(jié) (긴 모양의 물체의) 일부분
- 故意(gùyì) 일부러
- 促销(cùxiāo) 판촉하다
- 保留(bǎoliú) 보류하다
- 迷惑(míhuò) 현혹시키다
- 竞争(jìngzhēng) 경쟁하다
- 激烈(jīliè) 치열하다
- 光顾(guānggù) 찾아 주시다
- 成语(chéngyǔ) 성어
- 放浪形骸(fàng làng xíng hái) 세상 예법에 얽매이지 않고 하고 싶은 대로 하다
- 亡羊补牢(wáng yáng bǔ láo) 소 잃고 외양간 고치다 (문제가 발생한 후에 대책을 강구하여 나중에 유사한 문제가 다시 발생하지 않도록 하다)
- 涸泽而渔(hé zé ér yú) 연못의 물을 퍼내고 고기를 잡다 (눈앞의 이익만을 탐하고 장래를 생각하지 않다)
- 望梅止渴(wàng méi zhǐ kě) 매실을 생각하며 갈증 풀기 (소망을 이룰 방법이 없어 좋은 쪽으로 생각하여 자신을 달래다)

Set 1 독해

Part I

| 문제 1~4 | 다음 대화문의 빈칸에 들어갈 가장 적절한 표현을 고르시오.

01

A：听说你上星期去中国了？

B：对，去了三______。

(a) 天

(b) 年

(c) 个

(d) 下

| 해설 | 기간을 나타내는 적절한 양사 표현을 고르는 문제이다. '개(个)'는 기간이 아닌 사람 및 사물에 쓰이는 양사이고 '번(下)'은 동작의 횟수를 나타내는 양사이므로 정답이 될 수 없고, 기간을 나타내는 양사 '년(年)'과 '일(天)' 중 '년(年)'은 지난주에 어디에 갔다 왔냐는 질문의 대답으로 적절하지 않으므로 (a) '일(天)'이 정답이다.

번역

A: 너 지난주에 중국에 갔다면서?

B: 응, 삼 일 있었어.

(a) 일

(b) 년

(c) 개

(d) 번

자구 풀이

- 听说(tīngshuō)~ 듣자 하니 ~라고 한다
- 下(xià) 번

02 A：周末有空儿的话，咱们去看场电影吧。
B：好啊，________没事儿。

(a) 不过
(b) 一定
(c) 正好
(d) 可是

| 해설 | 영화를 보러 가자는 제안에 적절한 응답을 고르는 문제이다. 응답에는 적절한 부사가 사용되어야 하는데 (a) '하지만(不过)'과 (d) '그런데(可是)'는 전환관계를 나타내는 부사이고 (b) '반드시(一定)'는 문맥과 어울리지 않는다. (c) '마침(正好)'을 사용하는 것이 가장 적절하다.

번역 A: 주말에 시간 나면 우리 영화 한 편 보러 가자.
B: 좋아, 마침 일이 없어.

(a) 하지만
(b) 반드시
(c) 마침
(d) 그런데

자구풀이
- 空儿(kòngr) 시간, 여유
- 场(chǎng) 회, 번

03

A：你怎么来了？

B：老师______我来的。

(a) 让

(b) 为

(c) 把

(d) 被

| 해설 | '왜 왔냐'는 질문에 '선생님이 나한테 오라고 했다'고 답변하는 것이 자연스러우므로 응답의 빈칸에는 '나(我)'를 동사 '오다(来)'의 주어로 만들어 주는 단어가 가장 적절하다. 즉, '~가(에게) …을 하게 하다'라는 의미를 가진 단어가 되므로 정답은 (a)이다. (b)는 '선생님이 나를 위해'라는 뜻이 되어 '선생님'을 '오다'의 주어로 만들고 (c)나 (d)를 사용하면 비문법적인 표현이 되므로 정답이 아니다.

번역

A: 너 어쩐 일로 왔어?

B: 선생님이 나한테 오라고 하셨어.

(a) ~에게 …라고 하다

(b) ~를 위해

(c) ~를

(d) ~에 의해 …게 되다

자구 풀이

- 怎么(zěnme) 왜, 어쩐 일로, 어떻게
- 为(wèi)~ ~위하여
- 被(bèi) (피동문에서 동작의 주체 앞에 쓰여 주어가 동작의 대상이 되게 하는 전치사)

04 A：这儿卖牛奶吗？

B：卖______。

(a) 呢

(b) 啊

(c) 不

(d) 着

| 해설 | '우유 팔아요'라는 예-아니오 의문문의 응답으로 적절한 어기조사를 찾는 문제이다. (a)는 진행을 나타내고 (c)는 평서문이 아닌 의문문에 어울리는 표현이며, (d)는 상태의 지속을 나타내어 모두 정답이 아니다. 정답은 (b)이다.

번역 A: 여기 우유 팔아요?

B: 팔아요.

(a) 고 있어요 (진행)

(b) 아요

(c) 아요?

(d) 고 있어요 (지속)

자구풀이

- ~呢(ne) ~고 있다 (진행)
- ~着(zhe) ~고/어 있다 (지속)

| 문제 5~8 | 다음 문장의 빈칸에 들어갈 가장 적절한 표현을 고르시오.

05 要是明天再没有消息，咱们就＿＿＿想别的办法离开这里。

(a) 得
(b) 非
(c) 能
(d) 将

| 해설 | 가정 관계를 나타내는 접속사 '만약 ~라면 …(要是~就…)'이 사용되어 의미상 가장 적절한 표현은 '무슨 일이 있더라도 반드시 해야 한다'라는 의미의 (a)이다. (b)는 '~이 아니다'라는 부정적인 판단을 나타내고, (c)는 조동사로 '~할 수 있다'라는 가능을 나타내며, (d)는 부사로 '장차(~일 것이다)'라는 의미를 나타내어 모두 문맥과 어울리지 않으므로 정답이 아니다.

번역 만약 내일도 소식이 없으면 우리는 여기를 떠날 다른 방법을 생각해야 한다.

(a) ~해야 한다
(b) ~이 아니다
(c) ~할 수 있다
(d) ~일 것이다

자구 풀이

- 要是(yàoshi)~就(jiù)… 만약 ~라면 …
- 消息(xiāoxi) 소식
- 办法(bànfǎ) 방법
- 离开(lí//kāi) 떠나다
- 非(fēi) ~이 아니다
- 将(jiāng) 장차 (~일 것이다)

06

手机修好后，存在手机里的照片和电话号码不会丢失，可是短信就保不______了。

(a) 上
(b) 去
(c) 到
(d) 住

| 해설 | 가장 적절한 가능보어를 선택하는 문제이다. (a) '上'은 수준에 도달함 등을 나타내고, (b) '去'는 동사 뒤에 쓰여 동작이 화자가 있는 곳에서 다른 곳으로 옮겨 감을 나타내며, (c) '到'는 '~에 이르다, ~을 해내다'라는 목적 달성의 뜻이므로 이는 모두 문맥과 어울리지 않는다. '고정'의 의미를 나타내는 결과보어 '住'가 있는 (d)가 정답이다.

번역

휴대 전화를 수리한 후에 휴대 전화에 저장된 사진과 전화번호는 없어지지 않지만 문자는 보존할 수 없습니다.

(a) (결과보어: 수준에 도달함)
(b) (방향보어: 화자로부터 멀어짐)
(c) (결과보어: 목적의 달성)
(d) (결과보어: 고정)

자구 풀이

- 修(xiū) 수리하다
- 存(cún) 저장하다, 저장되다
- 丢失(diūshī) 없어지다, 분실하다
- 短信(duǎnxìn) 문자 메시지
- 保(bǎo) 보존하다
- 住(zhù) ('고정'을 나타내는 결과보어)

07 中秋节回了趟老家。阔别多年，老家发生了翻天覆地的变化，要不是姐姐来接，我还真就找不到自家老屋______。

(a) 的
(b) 了
(c) 来
(d) 嘛

| 해설 | 가정 관계를 나타내는 접속사 '만약 ~가 아니라면(要不是~ 就~)'이 사용되었으므로 미래 가정 완료를 나타내는 (b)의 '了'가 적절한 표현이다. (a) '的'는 술어 동사 뒤, 혹은 문맥에 쓰여 완료된 동작의 시간, 장소, 방법 등을 강조할 때 사용하는 표현이고 (c) '来'는 동사 뒤에 쓰여 동작의 주체가 화자와 가까워짐을 나타내며 (d) '嘛'는 당연하고 뚜렷한 사실을 강조할 때 쓰이므로 모두 문맥과 어울리지 않는다.

번역 중추절에 고향에 한번 다녀왔다. 여러 해 떨어져 있었는데 고향은 완전히 다른 모습으로 바뀌어서 누나가 마중을 나오지 않았더라면 나는 정말로 고향집을 찾지 못했을 것이다.

(a) (어기조사: 강조)
(b) (어기조사: 완료)
(c) (방향보어: 화자의 방향으로 이동)
(d) (어기조사: 당연)

자구 풀이

- 中秋节(zhōngqiūjié) 중추절
- 趟(tàng) 번
- 老家(lǎojiā) 고향
- 阔别多年(kuòbié duōnián) 여러 해 떨어져 있다
- 翻天覆地(fān tiān fù dì) 완전히 다른 모습으로 바뀌다
- 变化(biànhuà) 변화
- 接(jiē) 마중하다

08 实践证明，被动地接受知识不利于学生的成长和开发独立思考的能力。优秀人才的培养，应着重于鼓励学生提自己的问题、谈自己的想法，__________养成思考、交流的习惯。

(a) 以便
(b) 便于
(c) 以至
(d) 至于

| 해설 | 문맥과 어울리는 표현을 고르는 문제이다. '사고와 소통의 습관을 양성하는 것(养成思考、交流的习惯)'과 '생각을 이야기하도록 격려하는 것(鼓励学生谈自己的想法)'의 관계에는 목적을 나타내는 접속사 '~하기 위하여(以便)'가 가장 적절하다. (b) '便于'는 '~에 편리하다'의 의미이고, (c) '以至'는 '~되어 버리다'의 의미이며, (d) '至于'는 '~에 관해서는'의 의미로 새로운 화제를 이끌어 낼 때 사용되기 때문에 모두 문맥과 어울리지 않는다. 정답은 (a)이다.

번역 실천적 증명에 따르면 피동적으로 지식을 받아들이는 것은 학생의 성장과 독립적인 사고 능력의 개발에 이롭지 않음이 밝혀졌다. 우수 인재의 육성은 사고와 소통의 습관을 양성하기 위하여 학생들이 자신의 문제를 제기하고 자신의 생각을 이야기하도록 격려하는 것에 중점을 두어야 한다.

(a) ~하기 위하여
(b) ~에 편리하다
(c) ~되어 버리다
(d) ~에 관해서는

자구 풀이

- 实践(shíjiàn) 실천
- 被动(bèidòng) 피동적이다
- 培养(péiyǎng) 배양하다, 양성하다
- 着重于(zhuózhòng yú)~ ~에 중점을 두다
- 鼓励(gǔlì) 격려하다
- 交流(jiāoliú) 교류하다, 소통하다
- 至于(zhìyú) ~에 관해서는

| 문제 9 | 다음 대화에서 어법상 틀리거나 어색한 부분을 고르시오.

09

(a) A：别吃了，再吃还睡不着了。

(b) B：我才吃了一口。

(c) A：这是第二碗！

(d) B：唉，真是活受罪！

| 해설 | 대화에서 어색한 표현을 찾는 문제이다. '더 ~한다면(再~就)'이라는 표현을 파악하는 것이 중요하다. 첫 번째 문장 (a)에서 '더(再)'와 호응하는 부사는 '~면(就)'이다.

번역

A: 그만 먹어. 더 먹으면 잠 못 자.

B: 겨우 한 입 먹었는데.

A: 이거 두 그릇째야!

B: 아이고, 진짜 참기 힘드네!

자구풀이

- 着(zháo) (목적 달성을 나타내는 결과보어)
- 碗(wǎn) 그릇
- 受罪(shòu//zuì) 고생하다

| 문제 10 | 다음 글에서 어법상 틀리거나 어색한 부분을 고르시오.

10 (a) 近日，受南下冷空气影响，回旋在我市上空的暖湿气流将向南移动，(b) 预计未来一周我市将告别连日阴雨，天气晴好。(c) 今年8月，我市多雨又凉爽。不过夏天还难告结束，气象入秋的标准是连续九天日平均气温低20℃，(d) 在此之前，我市会否有台风“反扑”，还需拭目以待。

| 해설 | 날씨를 예보하는 문장이다. (c)에 비교 구문이 사용되고 있는데 ‘낮다(低)’라는 의미의 형용사 뒤에 비교를 나타내는 개사가 누락되어 있다. 즉, 비교를 나타내는 문장이므로 ‘~보다(于)’라는 의미를 가진 개사가 사용되어 ‘연속 9일 동안의 평균 기온이 20℃보다 낮다(连续九天日平均气温低于20℃)’가 되어야 한다.

번역 (a) 최근 남쪽으로 내려가는 찬 공기의 영향으로 우리 도시 상공을 맴도는 따뜻하고 습한 공기가 남쪽으로 이동할 것입니다. (b) 앞으로 한 주 동안 우리 시는 연일 계속된 장맛비가 그치고 날씨가 맑아질 것으로 예상합니다. (c) 올해 8월에 우리 시는 비가 많고 서늘한 편이지만 여름과 작별하기는 힘들 것 같습니다. 기후가 가을에 들어서는 기준은 연속 9일 동안의 평균 기온이 20℃보다 낮은 것입니다. (d) 그전에 우리 도시에 태풍의 “반격”이 있을지 여부도 지켜봐야 합니다.

Set 1 독해

자구 풀이

- 影响(yǐngxiǎng) 영향
- 回旋(huíxuán) 선회하다
- 暖湿气流(nuǎn shī qìliú) 따뜻하고 습한 공기
- 移动(yídòng) 이동하다
- 预计(yùjì) 예상하다
- 告别(gàobié) 작별하다
- 凉爽(liángshuǎng) 서늘하다
- 结束(jiéshù) 끝나다
- 连续(liánxù) 연속
- 反扑(fǎnpū) 반격
- 拭目以待(shì mù yǐ dài) 눈을 비비고 기다리다, 지켜보다

Part II

| 문제 11~15 | 다음 대화문의 빈칸에 들어갈 가장 적절한 표현을 고르시오.

11

A：你每天＿＿＿＿来学校啊？
B：坐地铁。

(a) 什么
(b) 怎么
(c) 多少
(d) 多远

| 해설 | '지하철 타(坐地铁)'라고 답을 하였으므로 학교에 '어떻게' 오는지 묻는 것이 가장 적절하다. 따라서 정답은 (b) '怎么'이다. (a) '什么'는 '무엇, 무슨'이라는 의미이고 (c) '多少'는 수량을 물을 때 사용되는 표현이며, (d) '多远'은 '떨어진 거리'를 묻는 표현으로 모두 정답이 아니다.

번역

A: 너 매일 어떻게 학교에 오니?
B: 지하철 타.

(a) 무엇
(b) 어떻게
(c) 얼마나
(d) 얼마나 멀어

자구 풀이

- 每天(měitiān) 매일
- 坐(zuò) (교통수단을) 타다
- 地铁(dìtiě) 지하철

12

A：喜欢打篮球吗？

B：喜欢看，但不会______。

(a) 做

(b) 踢

(c) 写

(d) 打

| 해설 | 대화에 어울리는 동사를 찾는 문제이다. '농구(篮球)'와 어울리는 동사를 찾아야 하므로 답은 (d) '打'이다. (a) '做'는 '(일 등을) 하다'이고, (b) '踢'는 '(축구 공 등을) 차다, (축구를) 하다'이며 (c) '写'는 '(글 등을) 쓰다'의 의미이므로 모두 문맥과 어울리지 않는다.

번역

A: 농구 좋아해?

B: 보는 건 좋아하는데 <u>할</u> 줄은 몰라.

(a) (일을) 하다

(b) (축구를) 하다

(c) (글을) 쓰다

(d) (농구 등 구기 종목을) 하다

자구 풀이

- 打篮球(dǎ lánqiú) 농구를 하다
- 做(zuò) (일을) 하다

13 A：今天补课，小王怎么没来呀？
B：他________忘了。

(a) 所以
(b) 肯定
(c) 虽然
(d) 担心

| 해설 | 샤오왕이 보충 수업에 안 나온 이유를 묻는 말에 대한 대답으로 쓰일 수 있는 적절한 표현을 찾는 문제이다. 문맥상 동사 '잊다(忘了)'와 가장 어울리는 부사는 (b) '틀림없이(肯定)'이다. (a) '所以'는 인과 관계의 문장에서 절과 절을 잇는 '그래서' 의미의 접속사이고, (c) '虽然'은 전환 관계의 문장 앞 절에 쓰이는 '비록'이라는 의미의 접속사이며, (d) '担心'은 '걱정하다'라는 뜻이므로 모두 문맥과 어울리지 않는다.

번역 A: 오늘 보충 수업에 샤오왕은 왜 안 왔어?
B: 걔 틀림없이 잊어 먹었어.

(a) 그래서
(b) 틀림없이
(c) 비록
(d) 걱정하다

자구 풀이
- 补课(bǔ//kè) 보충 수업하다
- 肯定(kěndìng) 틀림없이
- 虽然(suīrán) 비록

14 A: 知道“马大哈”是什么意思吗?
B: 你可别门缝里看人啊。这谁不________啊!

(a) 观察
(b) 了解
(c) 认识
(d) 知道

| 해설 | '덜렁거리는 사람(马大哈)'이라는 중국어 단어의 의미를 아느냐는 질문에 '그것을 누가 모르냐(这谁不知道啊)!'라고 답하는 상황이다. 질문에 '알다(知道)'가 사용되었으므로 (d) '알다(知道)'를 사용하여 대답하는 것이 가장 적절하다. (a) '观察'는 '관찰하다'이고, (b) '了解'는 '자세히 알다'의 의미이며, (c) '认识'는 '만나서 알다'라는 의미이므로 모두 적절하지 않다.

번역 A: "마다하"가 무슨 말인지 알아?
B: 너 정말 사람 얕잡아 보지 말아라. 그걸 누가 몰라!

(a) 관찰하다
(b) (자세히) 알다
(c) (만나서) 알다
(d) 알다

자구 풀이
- 马大哈(mǎdàhā) 덜렁거리는 사람
- 门缝里看人(ménfèng li kàn rén) 문틈으로 사람을 보다, 남을 얕보다
- 观察(guānchá) 관찰하다
- 了解(liǎojiě) (자세히) 알다
- 认识(rènshi) (만나서) 알다

15 A：老人家，别客气，您先来吧。
B：那哪儿行啊，得有个＿＿＿＿＿嘛。

(a) 先礼后兵
(b) 先斩后奏
(c) 先来后到
(d) 先知先觉

| 해설 | '먼저 하세요(您先来吧)'라는 말에 대한 적절한 응답을 고르는 문제이다. 응답자는 사양을 하면서 '선착순으로 하다(先来后到)'라는 원칙을 이야기하는 것으로 보인다. 이것에 해당하는 중국어 표현을 찾아야 하므로 정답은 (c)이다. (a), (b), (d)는 모두 '먼저(先)', '나중(后)'이라는 말이 들어가 있지만 문맥상 정답이 아니다.

번역 A: 어르신, 사양하지 마시고 먼저 하세요.
B: 그럼 안 되지요. 선착순으로 하는 것이 있어야지요.

(a) 먼저 예를 지키고 나중에 무력을 사용하다
(b) 먼저 시행하고 나중에 보고하다
(c) 선착순으로 하다
(d) 선견지명을 가지다

자구풀이
- 客气(kèqi) 예의를 갖추다, 사양하다
- 先礼后兵(xiān lǐ hòu bīng) 먼저 예를 지키고 나중에 무력을 사용하다
- 先斩后奏(xiān zhǎn hòu zòu) 먼저 시행하고 나중에 보고하다
- 先来后到(xiān lái hòu dào) 선착순으로 하다
- 先知先觉(xiān zhī xiān jué) 선견지명을 가지다

| 문제 16~20 | 다음 글의 빈칸에 들어갈 가장 적절한 표현을 고르시오.

16 爬山是一种比较受现代都市人喜爱的户外________。

(a) 用品
(b) 装备
(c) 活动
(d) 球场

| 해설 | '등산(爬山)'을 설명하고 있는 문장에서 빈칸에 들어갈 적절한 단어를 고르는 문제이다. (c) '활동(活动)'이 가장 적절한 단어이다. (a) '용품(用品)', (b) '장비(装备)', (d) (구기 경기의) '구장(球场)'은 모두 적절하지 않다.

번역 등산은 현대 도시인이 비교적 좋아하는 야외 활동이다.

(a) 용품
(b) 장비
(c) 활동
(d) 구장

자구 풀이
- 爬山(páshān) 등산
- 户外(hùwài) 야외
- 装备(zhuāngbèi) 장비
- 活动(huódòng) 활동
- 球场(qiúchǎng) 구장

17 汽车、飞机等交通工具是现代生活中不可缺少的一部分，它们拉近了人与人之间的_______。

(a) 差异
(b) 生活
(c) 距离
(d) 沟通

| 해설 | '교통 수단(交通工具)'이 사람 사이 무엇을 가깝게 해 주었는지를 파악하는 문제이다. 가장 적절한 단어는 (c) '거리(距离)'이다. (a) '차이(差异)', (b) '생활(生活)', (d) '소통(沟通)'은 모두 적절하지 않다.

번역 자동차, 비행기 등 교통 수단은 현대 생활에서 없어서는 안 되는 일부분이다. 이 교통 수단들은 사람과 사람 사이의 거리를 가깝게 해 주었다.

(a) 차이
(b) 생활
(c) 거리
(d) 소통

자구 풀이

- 交通工具(jiāotōng gōngjù) 교통 수단
- 不可缺少(bù kě quēshǎo) 없어서는 안 되다, 불가결하다
- 差异(chāyì) 차이
- 生活(shēnghuó) 생활
- 距离(jùlí) 거리
- 沟通(gōutōng) 소통

18 二战期间，英国在人力和物力方面都________了巨大损失，国家债务为战前十倍，丧失了在国际贸易中的竞争力。

(a) 遭受
(b) 接受
(c) 感受
(d) 忍受

| 해설 | '손실(损失)'과 어울리는 동사를 찾는 문제이다. 정답은 '불행 또는 손해를 입다'를 의미하는 동사 '遭受'가 있는 (a)이다. (b) '接受'는 초대나 의견을 받아들인다는 뜻으로 쓰이고, (c)의 '感受'는 느낌이나 영향을 받을 때 쓰이며, (d) '忍受'는 힘든 상황을 참고 이겨 낸다는 뜻으로 쓰이므로 모두 문맥과 어울리지 않는다.

번역 제2차 세계대전 중에 영국은 인력과 물자 방면에서 모두 막대한 손실을 입었다. 국가 채무는 전쟁 전의 10배가 되었고 국제 무역의 경쟁력도 상실하였다.

(a) (손해를) 입다
(b) 받아들이다
(c) (느낌을) 받다
(d) 이겨 내다

자구 풀이

- 二战(Èrzhàn) 제2차 세계대전
- 巨大(jùdà) 아주 크다, 막대하다
- 损失(sǔnshī) 손실
- 债务(zhàiwù) 채무
- 为(wéi)~ ~가 되다
- 丧失(sàngshī) 상실하다
- 竞争力(jìngzhēnglì) 경쟁력
- 遭受(zāoshòu) (손해를) 입다
- 接受(jiēshòu) 받아들이다
- 感受(gǎnshòu) (느낌을) 받다
- 忍受(rěnshòu) 이겨 내다

19 据报道，中国房企海外融资成本不断增加。有业内人士指出，如果国际融资成本因美联储（美国联邦储备委员会）升息而显著增加，中国房地产企业的资金压力将________。

(a) 减缓
(b) 减轻
(c) 凸起
(d) 凸显

| 해설 | '금리 인상(升息)'에 따라 중국 부동산 기업들의 '금융비용(融资成本)'이 늘어나는 상황에서 해당 기업들의 '자금 압박(资金压力)'이 어떻게 되는지에 어울리는 동사를 찾는 문제이다. '뚜렷이 드러나다'의 의미가 있는 (d) '凸显'이 정답이다. (a) '완화되다(减缓)'와 (b) '감소하다(减轻)'는 문맥상 적절하지 않으며 (c) '튀어나오다(凸起)'는 어울리는 표현이 아니다.

번역 보도에 따르면 중국 부동산 기업의 해외 금융비용이 계속 늘어나고 있다. 업계 관련 인사의 지적에 따르면 만약 미국 연방준비제도이사회가 금리를 올려 국제 금융비용이 현저히 늘어나게 되면 중국 부동산 기업의 자금 압박이 앞으로 뚜렷이 드러날 것이라고 한다.

(a) 완화되다
(b) 감소하다
(c) 튀어나오다
(d) 뚜렷이 드러나다

자구 풀이

- 融资(róngzī) 융자
- 增加(zēngjiā) 늘어나다
- 业内人士(yènèi rénshì) 업계 인사
- 指出(zhǐ chū) 지적하다
- 显著(xiǎnzhù) 뚜렷하다, 현저하다
- 减缓(jiǎnhuǎn) 완화되다
- 减轻(jiǎnqīng) 감소하다
- 凸起(tūqǐ) 튀어나오다
- 凸显(tūxiǎn) 뚜렷이 드러나다

20 周末，秋风吹拂，落叶飘逸。位于市政府广场附近的世宗大道，金秋景色渐入佳境，缤纷的银杏迷倒了不少赶来赏叶的______。

(a) 影迷
(b) 市民
(c) 顾客
(d) 观众

| 해설 | 도시의 가을 풍경을 그린 묘사문이다. 낙엽을 감상하려는 누구를 매혹시켰는지에 대한 적절한 단어를 고르는 문제이다. (a) '영화팬(影迷)', (c) '고객(顾客)', (d) '관중(观众)'은 모두 각각 영화, 백화점, 경기장 등의 구체적인 장소와 연관된 사람이므로 적절하지 않고, 가장 일반적인 경우를 나타내는 (b) '시민(市民)'이 정답이다.

번역 주말에 가을 바람이 스쳐 지나가고 낙엽이 흩날렸다. 시청 광장 근처에 있는 세종대로는 가을 경치가 절정에 접어들고 화려한 은행나무가 서둘러 낙엽을 감상하려는 많은 시민들을 매혹시켰다.

(a) 영화팬
(b) 시민
(c) 고객
(d) 관중

자구 풀이

- 吹拂(chuīfú) (바람이) 스쳐 지나가다
- 飘逸(piāoyì) 흩날리다
- 渐入佳境(jiàn rù jiājìng) (경치가) 절정에 접어들다
- 缤纷(bīnfēn) 화려하다
- 赶(gǎn) 서두르다
- 影迷(yǐngmí) 영화팬
- 顾客(gùkè) 고객

Part III

| 문제 21~35 | 다음 글을 읽고 빈칸에 들어갈 가장 알맞은 표현을 고르시오.

21 商学专业是目前最受人们欢迎的专业。现在的大学生，不论男女都喜欢选择进入商学院学习。原因很简单，那就是商学院毕业后比较容易找到＿＿＿＿＿＿＿＿。

(a) 理想的工作
(b) 旅游的机会
(c) 学习的同伴
(d) 良好的环境

| 해설 | 문장에서 사람들이 '경영학 전공(商学专业)'을 선호하는 이유가 무엇인지를 파악하여 알맞은 답을 고르는 문제이다. 졸업 후 상황을 고려하여 가장 적절한 표현을 찾아야 하므로 (a) '이상적인 일자리(理想的工作)'가 정답이다. (b) '여행의 기회(旅游的机会)', (c) '공부 친구(学习的同伴)', (d) '좋은 환경(良好的环境)'은 경영학을 선호하는 특별한 이유 및 졸업 후 상황과 부합하지 않는다.

번역 경영학 전공은 최근에 사람들이 가장 선호하는 전공이다. 요즘의 대학생들은 남녀를 불문하고 모두 경영대에 가서 공부하는 것을 선호한다. 원인은 간단하다. 경영대를 졸업한 후에 이상적인 일자리를 찾는 것이 비교적 쉽기 때문이다.

(a) 이상적인 일자리
(b) 여행의 기회
(c) 공부 친구
(d) 좋은 환경

자구 풀이

- 商学专业(shāngxué zhuānyè) 경영학 전공
- 选择(xuǎnzé) 선택하다
- 简单(jiǎndān) 간단하다
- 容易(róngyì) 쉽다
- 环境(huánjìng) 환경

22 中国人买东西有讲价的习惯，但不是什么地方都可以讲。比如，一般在一些小商店或市场里可以讲价，但在大型的购物中心________。

(a) 就不行了
(b) 就好说了
(c) 就便宜了
(d) 就不买了

| 해설 | '흥정하기(讲价)'에 적절한 곳과 그렇지 않은 곳에 대한 설명이다. '작은 상점(小商店)'이나 시장은 흥정이 가능한 곳이라고 한 문장 뒤에 '그러나(但)'라는 접속사가 있으므로 '~라면 가능하지 않다'라는 의미의 (a) '就不行了'가 정답이다. (b) '~라면 … 하기 쉽다(就好说了)', (c) '~라면 저렴하다(就便宜了)', (d) '~라면 사지 않는다(就不买了)'는 모두 문맥에 부합하지 않는다.

번역 중국인은 물건을 살 때 흥정을 하는 습관이 있다. 그런데 모든 곳이 다 흥정이 되는 것은 아니다. 예를 들면 보통 작은 상점이나 시장에서는 흥정이 가능하지만 대형 쇼핑 센터라면 가능하지 않다.

(a) ~라면 가능하지 않다
(b) ~라면 하기 쉽다
(c) ~라면 저렴하다
(d) ~라면 사지 않는다

자구 풀이

- 讲价(jiǎng//jià) 흥정하다
- 习惯(xíguàn) 습관
- 大型(dàxíng) 대형
- 购物中心(gòuwù zhōngxīn) 쇼핑센터

23 泰山位于山东省泰安市中部。主峰玉皇顶海拔1545米，气势雄伟磅礴，素称“＿＿＿＿＿＿”。

(a) 鱼米之乡
(b) 礼仪之邦
(c) 海味之冠
(d) 五岳之首

| 해설 | 태산의 위치와 높이 등을 설명한 문장에서 '~로 잘 알려져 있다(素称)'의 목적어 표현을 찾는 문제이다. (d) '오악의 으뜸(五岳之首)'이 가장 적절한 표현이다. (a) '토지가 비옥하고 자원이 풍성한 지역(鱼米之乡)', (b) '예의지국(礼仪之邦)', (c) '해산물의 으뜸(海味之冠)'은 모두 설명한 내용과 거리가 있다.

번역 태산은 산둥성 타이안시 중부에 있다. 주봉인 옥황정은 1,547미터인데 그 기세가 웅장하고 성대해서 "오악의 으뜸"으로 잘 알려져 있다.

(a) 토지가 비옥하고 자원이 풍성한 지역
(b) 예의지국
(c) 해산물의 으뜸
(d) 오악의 으뜸

자구 풀이

- 泰山(Tàishān) 태산
- 主峰(zhǔfēng) 주봉
- 海拔(hǎibá) 해발
- 气势(qìshì) 기세
- 雄伟(xióngwěi) (기세가) 웅장하다
- 磅礴(pángbó) (기세가) 성대하다
- 素称(sùchēng) (~로) 잘 알려져 있다

24 打开汉语词典，我们就会发现，许多词条下面都有__________，越是常用的词，这种多义性就越明显。

(a) 很多个生词
(b) 数十篇文章
(c) 好几种意义
(d) 几十种办法

| 해설 | 문장 뒷부분의 '이러한 다의성(这种多义性)'이라는 표현이 앞의 문장을 요약하고 있는 것이므로 이 표현에 부합하는 것을 고르면 된다. (c) '여러 개의 의미(好几种意义)'가 정답이다. (a), (b), (d)는 모두 문맥과 어울리지 않는다.

번역 우리가 중국어 사전을 펼쳐 보면 알 수 있는 것은 대부분의 표제어 밑에 모두 여러 개의 의미가 있다는 사실이다. 자주 사용되는 단어일수록 이러한 다의성이 더욱 뚜렷하다.

(a) 많은 새 단어
(b) 수십 편의 글
(c) 여러 개의 의미
(d) 몇 십 개 방법

자구 풀이

- 许多(xǔduō) 많다
- 词条(cítiáo) 표제어
- 越(yuè)~越(yuè)… ~수록 …하다
- 多义性(duōyìxìng) 다의성

25 现在的家长，只看重孩子的智力培养，而不重视孩子的心理健康和生理健康，忽视眼保健，就是其中的__________。

(a) 一种表现
(b) 几个孩子
(c) 两个方面
(d) 多种影响

| 해설 | 아이들의 지적 능력만 중시하고 심리적, 신체적 건강을 중시하지 않는 현상을 설명한 문장이다. '눈 건강을 소홀히 하는(忽视眼保健)' 예를 들어 설명하고 있으면서 '그중(其中)'과 어울리는 표현을 찾아야 하므로 (a) '한 가지 모습(一种表现)'이 가장 적절하다. (b), (c), (d)는 문맥상 어울리지 않는다.

번역 요즘의 부모들은 아이들의 지적 능력을 키우는 것만 중요하게 생각하고 아이들의 심리적, 신체적 건강은 중시하지 않는다. 눈의 건강을 소홀히 하는 것이 바로 그중 한 가지 모습이다.

(a) 한 가지 모습
(b) 여러 아이들
(c) 두 가지 방면
(d) 여러 가지 영향

자구 풀이

- 培养(péiyǎng) 키우다
- 重视(zhòngshì) 중시하다
- 心理(xīnlǐ) 심리
- 生理(shēnglǐ) 생리
- 忽视(hūshì) 소홀히 하다
- 保健(bǎojiàn) 건강을 보호하다
- 表现(biǎoxiàn) 모습
- 方面(fāngmiàn) 방면

26 演唱会的门票特别贵，这20张免费门票可是＿＿＿＿＿＿＿＿。

(a) 极尽全力改善的
(b) 极尽全力坚持的
(c) 好不容易弄到的
(d) 好不容易调低的

| 해설 | 입장권을 '가까스로(好不容易)' 어떻게 하였다에 어울리는 표현을 찾는 문제이다. (c) '손에 넣다(弄到)'가 적절한 표현이며, (a), (b), (d)는 모두 문맥과 어울리지 않는다. 한편 '好不容易' 앞의 '是'와 문장 끝의 '的'는 방식을 강조하는 '是~的' 구문이다.

번역 콘서트 입장권 가격이 너무 비싸서 이 무료 입장권 20장은 가까스로 구한 것이다.

(a) 최선을 다해서 개선한 것이다
(b) 최선을 다해서 고수한 것이다
(c) 가까스로 구한 것이다
(d) 가까스로 낮게 조정한 것이다

자구 풀이

- 演唱会(yǎnchànghuì) 콘서트
- 免费(miǎnfèi) 무료
- 极尽全力(jí jìn quán lì) 최선을 다해서
- 好不容易(hǎobùróngyì) 가까스로
- 改善(gǎishàn) 개선하다
- 坚持(jiānchí) 고수하다
- 弄(nòng) 손에 넣다
- 调(tiáo) 조정하다
- 低(dī) 낮다

27 金融危机改变了当今世界的经济格局，这对中国是机遇更是挑战！中国要用新的眼光和开放的姿态来审时度势，不断地从横向比较和纵向比较中＿＿＿＿＿＿＿＿＿＿。

(a) 补充修订了法律条款
(b) 具备敢于探索的精神
(c) 对自己进行角色定位
(d) 回归历史本来的面目

| 해설 | ‘금융위기(金融危机)’의 시대를 ‘기회(机遇)’와 ‘도전(挑战)’으로 보는 중국의 입장에서 ‘시기와 형세를 파악하고(审时度势)’ ‘종횡으로 비교하는(横向比较和纵向比较)’ 것이 무엇과 연관이 있는지를 묻는 문제이다. (a)는 지문의 내용이 법률 조항의 보충, 수정과는 연관이 없어 답안과 거리가 있고, (b)는 탐색하는 정신을 말하는 것이므로 내용상 답안과 거리가 있고, (d)는 발전적인 결과를 필요로 하는 문맥과 상충된다. (c) ‘스스로에 대한 역할을 정립하다(对自己进行角色定位)’가 가장 적절하게 연관되는 표현이다.

번역 금융위기는 요즘 세계의 경제 패턴을 바꾸었다. 이것은 중국에게 기회이고 도전이다! 중국은 새로운 안목과 개방적 자세로 시기와 형세를 파악하고 끊임없이 종횡으로 비교하는 과정에서 스스로에 대한 역할을 정립해야 할 것이다.

(a) 법률 조항을 보충하고 수정하였다
(b) 용기 있게 탐색하는 정신을 갖추다
(c) 스스로에 대한 역할을 정립하다
(d) 역사 본래의 상태로 돌아가다

자구 풀이

- 金融危机(jīnróng wēijī) 금융위기
- 改变(gǎibiàn) 바꾸다
- 格局(géjú) 패턴
- 挑战(tiǎozhàn) 도전
- 眼光(yǎnguāng) 안목
- 姿态(zītài) 자세
- 审时度势(shěn shí duó shì) 시기와 형세를 파악하다
- 横向(héngxiàng) 수평적
- 纵向(zòngxiàng) 수직적
- 整合(zhěnghé) 통합 조정하다
- 具备(jùbèi) 갖추다
- 敢于(gǎnyú)~ 용기 있게 ~하다
- 探索(tànsuǒ) 탐색하다
- 角色(juésè) 역할
- 定位(dìngwèi) 정립하다

28 俄罗斯国家收入的50%来自石油出口，油价下跌对它造成的冲击不言而喻。目前受西方国家制裁和投资外流影响，俄罗斯经济已显疲态，油价下跌会＿＿＿＿＿＿＿＿。

(a) 更让其雪上加霜
(b) 阻止其恶性发展
(c) 更显其强势一面
(d) 展现其繁荣一面

| 해설 | 석유 수출 비중이 높은 러시아 경제에 서방 국가의 제재 및 투자 유출과 함께 유가 하락이 가져올 영향에 적합한 표현을 묻는 질문이다. (a) 경제를 '더욱 악화시킨다(更让其雪上加霜)'가 적절한 표현이고 (b), (c), (d)는 모두 문맥과 어울리지 않는 표현이다.

번역 러시아 국가 수입의 50%는 석유 수출에서 온다. 유가 하락이 러시아에 주는 충격은 말할 필요도 없다. 최근 서방 국가의 제재와 투자 유출의 영향을 받아서 러시아 경제는 이미 약세를 보이고 있는데 유가 하락은 경제를 더욱 악화시킬 것이다.

(a) 경제를 더욱 악화시킨다
(b) 악성 발전을 저지한다
(c) 강한 측면을 더 드러낸다
(d) 경제의 번영 측면을 나타낸다

자구 풀이

- 来自(láizì)~ ~에서 오다
- 出口(chūkǒu) 수출
- 油价(yóujià) 유가
- 下跌(xiàdiē) 하락하다
- 造成(zàochéng) 조성하다, 초래하다
- 冲击(chōngjī) 충격
- 不言而喻(bù yán ér yù) 말하지 않아도 안다, 말할 필요도 없다
- 制裁(zhìcái) 제재
- 投资外流(tóuzī wàiliú) 투자 유출
- 显(xiǎn) 보이다
- 疲态(pítài) 약세
- 雪上加霜(xuě shàng jiā shuāng) 설상가상이다, 더욱 악화시키다
- 阻止(zǔzhǐ) 저지하다
- 恶性发展(èxìng fāzhǎn) 악성 발전
- 强势(qiángshì) 강세
- 展现(zhǎnxiàn) 드러내다
- 繁荣(fánróng) 번영하다

29 最近，因座位而产生的争吵日渐增多。敬老与爱幼是相辅相成的，尊重与理解也同样应该是双向的。正所谓“爱人者人恒爱之，敬人者人恒敬之”，此类让座风波也应在相互的理解和尊重中__________。

(a) 推到边缘
(b) 发生纠纷
(c) 得以平息
(d) 缓解压力

| 해설 | ‘자리 양보와 관련된 분쟁(让座风波)’이 ‘상호 이해와 존중 속에서(在相互的理解和尊重中)’ 어떻게 되어야 하는지와 관련하여 가장 어울리는 표현을 찾는 문제이다. 적절한 표현은 (c) ‘가라앉게 된다(得以平息)’이다. (a), (b), (d)는 모두 문맥과 어울리지 않는다.

번역 최근에 자리 때문에 발생하는 말다툼이 날이 갈수록 많아지고 있다. 노인을 공경하고 어린이를 사랑하는 것이 상부상조인 것처럼 존중과 이해도 쌍방적인 것이다. “남을 사랑하는 사람은 남이 그를 사랑하고, 남을 공경하는 사람은 남이 그를 공경한다”라는 말이 있는데 자리 양보에 따른 이러한 분쟁도 상호 이해와 존중 속에서 가라앉게 되어야 한다.

(a) 끝까지 밀린다
(b) 분규가 일어난다
(c) 가라앉게 된다
(d) 스트레스를 해소한다

Set 1 독해

자구 풀이

- 座位(zuòwèi) 좌석, 자리
- 争吵(zhēngchǎo) 말다툼
- 敬老爱幼(jìng lǎo ài yòu) 노인을 공경하고 어린이를 사랑하다
- 相辅相成(xiāng fǔ xiāng chéng) 상부상조하다
- 尊重(zūnzhòng) 존중하다
- 双向(shuāngxiàng) 쌍방적인
- 所谓(suǒwèi) 이른바
- 风波(fēngbō) 분쟁
- 边缘(biānyuán) 가장자리, 끝
- 纠纷(jiūfēn) 분규
- 平息(píngxī) 가라앉다
- 缓解(huǎnjiě) 해소하다

30 如今，越来越多的中国人意识到健康包括两个方面，即心理健康和生理健康。随着生活节奏的加快和压力的增加，心理健康也开始受到人们＿＿＿＿＿＿＿＿。

(a) 不少的咨询
(b) 更多的关注
(c) 极大的影响
(d) 加倍的关心

| 해설 | 최근에 '심리적 건강(心里健康)'이 중국인들에게 무엇을 '받기 시작했느냐(开始受到)'에 대한 적절한 표현을 고르는 문제이다. (b) '더 많은 관심(更多的关注)'이 정답이다. (a), (c), (d)는 모두 문맥과 어울리지 않는다.

번역 최근에 건강이 두 가지 측면을 포함한다는 것을 이해하는 중국인들이 점점 더 늘어나고 있다. 즉 심리적 건강과 신체적 건강이다. 생활 리듬이 빨라지고 스트레스가 늘어남에 따라 심리적 건강도 사람들에게 더 많은 관심을 받기 시작했다.

(a) 많은 자문
(b) 더 많은 관심
(c) 지극히 큰 영향
(d) 배가된 관심

Set 1 독해

자구 풀이

- 包括(bāokuò) 포함하다
- 随着(suízhe) ~에 따라서
- 节奏(jiézòu) 리듬
- 咨询(zīxún) 자문
- 关注(guānzhù) 관심을 가지다
- 关心(guānxīn) (사람이나 사물에) 마음을 두다

31 按照中国铁路总公司近日发布的新规，对开车前15天以上退票的，不收取退票费。铁路部门主要考虑的是，15天为车票再次销售留出了比较充分的时间，铁路公共资源能够得到＿＿＿＿＿＿＿＿＿。

(a) 较多的转让次数
(b) 较多的空余座席
(c) 比较快捷的渠道
(d) 比较充分的利用

| 해설 | '철도 공공자원(铁路公共资源)'이 15일 정도로 무위약금 기간을 정한 이유가 무엇 때문인지를 서술하는 문장이다. (d)의 '비교적 충분한 이용(比较充分的利用)'을 얻을 수 있다는 것이 적절한 표현이다. (a), (b), (c)는 모두 지문의 내용만으로는 추정하기 힘들다.

번역 중국 철도 본사가 최근에 발표한 새로운 규정에 의하면 출발일 전 남은 날짜가 15일 이상이면 표를 반환할 때 반환 위약금을 받지 않는다. 철도 당국이 주로 고려한 것은 차표 재판매까지 남은 기간으로 15일은 비교적 충분하므로 철도 공공자원이 비교적 충분하게 이용될 수 있다는 점이다.

(a) 비교적 많은 양도 횟수
(b) 비교적 많은 빈 좌석
(c) 비교적 빠른 루트
(d) 비교적 충분한 이용

자구 풀이

- 按照(ànzhào)~ ~에 의하면
- 新规(xīnguī) 새로운 규정
- 退票(tuì//piào) 표를 반환하다
- 收取(shōuqǔ) 받다
- 考虑(kǎolǜ) 고려하다
- 销售(xiāoshòu) 판매하다
- 留(liú) 남다
- 公共资源(gōnggòng zīyuán) 공공자원
- 转让(zhuǎnràng) 양도하다
- 空余座席(kòngyú zuòxí) 빈 좌석
- 快捷(kuàijié) 빠르다
- 渠道(qúdào) 루트

32 市民在使用煤气灶之后，普遍不关安全阀，殊不知如此会造成煤气泄漏，在不经意间酿成火灾。因此，消防部门告诫市民，不要因疏忽大意，让悲剧___________。

(a) 有机可乘
(b) 有法可依
(c) 无事可干
(d) 无处可寻

| 해설 | '부주의하여(不经意, 疏忽大意)' 화재가 발생하지 않도록 하여야 한다는 문장이다. 마지막 부분이 '~하지 말아야 한다(不要)'로 시작하고 있으므로 빈칸에는 '비극(悲剧)'이 발생한다는 표현이 들어가야 적절하다. (a) '들어갈 틈이 있다(有机可乘)'가 정답이다. (b), (c), (d)는 모두 문맥과 어울리지 않는다.

번역 시민들은 가스레인지를 사용한 후에 일반적으로 안전밸브를 잠그지 않는다. 이렇게 하면 가스 누출이 있을 수도 있고 부주의하면 화재가 발생할 수도 있다는 것을 의외로 모른다. 따라서 소방 당국에서는 시민들에게 부주의로 인하여 비극이 들어갈 틈이 있게 하지 말라고 경고하고 있다.

(a) 들어갈 틈이 있다
(b) 의지할 법령이 있다
(c) 할 만한 일이 없다
(d) 찾을 데가 없다

자구 풀이

- 煤气灶(méiqìzào) 가스레인지
- 普遍(pǔbiàn) 일반적으로
- 安全阀(ānquánfá) 안전밸브
- 殊不知(shūbùzhī) 의외로 모르다
- 造成(zàochéng) (좋지 않은 사태 등을) 초래하다
- 泄漏(xièlòu) (액체, 기체 등이) 새다, 누출되다
- 不经意(bùjīngyì) 부주의하다
- 酿成(niàngchéng) (사고 등을) 빚어 내다
- 消防部门(xiāofáng bùmén) 소방 당국
- 告诫(gàojiè) 경고하다
- 有机可乘(yǒu jī kě chéng) 들어갈 틈이 있다
- 有法可依(yǒu fǎ kě yī) 의지할 법령이 있다
- 无事可干(wú shì kě gàn) 할 만한 일이 없다
- 无处可寻(wú chù kě xún) 찾을 데가 없다

33 国家所属汽车集团在今年第一季度的净利润高达11.3亿元，而到第二季度结束的上半年，就变成了亏损1亿元，第二季度的业绩急转直下＿＿＿＿＿＿。

(a) 遥不可及
(b) 敬而远之
(c) 无影无踪
(d) 可见一斑

| 해설 | '1사분기 실적(第一季度业绩)'은 '순이익(净利润)'이 많이 났으나 '상반기(上半年)' 실적이 '손해(亏损)'인 상황에서 '2사분기 실적(第二季度业绩)'이 '급격히 하락한 것(急转直下)'은 어떤 상황인가를 짐작하는 문제이다. (d) '일부를 보고 전체를 알 수 있다(可见一斑)'가 가장 적절한 답이고 (a), (b), (c)는 모두 문맥과 어울리지 않는다.

번역 국영 자동차 그룹의 올해 1사분기 순이익이 11.3억 위안에 달하였는데 2사분기가 끝난 상반기에는 1억 위안의 적자가 발생하였으므로 2사분기 실적이 급격히 하락한 것을 미루어 알 수 있다.

(a) 너무나 멀리 있다
(b) 존경하되 가까이하지 않는다
(c) 완전히 사라진다
(d) 미루어 알 수 있다

Set 1 독해

자구 풀이

- 集团(jítuán) 그룹
- 季度(jìdù) 분기
- 净(jìng) 순
- 利润(lìrùn) 이익
- 达(dá) 이르다
- 亏损(kuīsǔn) 적자가 나다
- 业绩(yèjì) 실적
- 急转直下(jí zhuǎn zhí xià) 급격히
- 遥不可及(yáo bù kě jí) 너무나 멀리 있다
- 敬而远之(jìng ér yuǎn zhī) 존경하되 가까이하지 않는다
- 无影无踪(wú yǐng wú zōng) 완전히 사라지다
- 可见一斑(kě jiàn yì bān) 표범의 얼룩무늬 하나를 보고 몸 전체를 추측할 수 있다, 일부를 보고 전체를 알 수 있다, 미루어 알 수 있다

34 人类的摄影史开始于十九世纪中叶，一百多年来，摄影家们为了找寻瞬间的震撼而不断跋涉。快门按下了，作为已经过去的瞬间就死了，但作为一种心灵和历史的存在，它却永远活着，________摄影的神秘和魅力所在。

(a) 所以说
(b) 这就是
(c) 赋予着
(d) 肯定是

| 해설 | '사진(摄影)'의 역사와 특징에 대해 설명한 문장에서 '사진의 신비로움과 매력이 존재하는 곳(摄影的神秘和魅力所在)'이라는 표현 앞에 들어갈 적절한 어구를 고르는 문제이다. 해당 표현은 명사구이므로 주어, 술어동사가 모두 있는 (b) '이것이 바로 ~이다(这就是)'가 정답이다. (a), (c), (d)는 의미상으로 어울리지 않는다.

번역 인류의 사진 역사는 19세기 중엽에 시작되었다. 100여 년 동안 사진작가들은 순간의 감동을 위하여 쉬지 않고 고난의 여정을 밟아 왔다. 셔터가 눌러지면, 이미 지나간 순간은 바로 사라져 버리지만 영혼과 시간적 존재로서 사진은 영원히 살아 있게 되는데 이것이 바로 사진의 신비로움과 매력이 존재하는 곳이다.

(a) 따라서 ~라고 한다
(b) 이것이 바로 ~이다
(c) ~을 주고 있다
(d) 틀림없이 ~일 것이다

자구 풀이

- 摄影史(shèyǐngshǐ) 사진의 역사
- 于~(yú) ~에
- 中叶(zhōngyè) 중엽
- 瞬间(shùnjiān) 순간
- 震撼(zhènhàn) 감동
- 跋涉(báshè) (고생스럽게) 산을 넘고 물을 건너다
- 快门(kuàimén) 셔터
- 按(àn) 누르다
- 作为(zuòwéi)~ ~로 삼다
- 魅力(mèilì) 매력
- 赋予(fùyǔ) 주다, 부여하다

35 熬过“苦夏”，秋天的一丝凉爽拂过心田，人们的食欲也开始跟着逐渐好转，此时大家会主动或被动地贴秋膘。不过专家提醒人们切莫操之过急。因为此时人的胃肠功能较弱，如果吃太多的肉类等高蛋白食品，会增加肠胃负担，影响胃肠功能。因此吃肉要适当，________等到天真正凉下来以后，再多增加肉食。

(a) 不宜
(b) 仍然
(c) 最好
(d) 将来

| 해설 | 가을이 되어 '식욕이 좋아지게(食欲好转)' 되더라도 '육류 섭취를 적당히 하여야(吃肉要适当)' 하는데 '날씨가 정말로 상쾌해진 후에(等到天真正凉下来以后) 늘리는(再多增加)' 방법이 어떠한가에 대한 적절한 표현을 고르는 문제이다. 문맥상 (c) '가장 좋은 것은(最好~)'이라는 표현이 정답이다. (a), (b), (d)는 문맥과 어울리지 않는 표현이다.

번역 "힘든 여름"을 견디고 나서 가을의 한 줄기 상쾌함이 마음을 스치고 지나가면 사람들의 식욕도 따라서 점점 좋아지기 시작한다. 이 시기에는 모두가 능동적이든 피동적이든 생선이나 육류 등을 많이 섭취하게 된다. 그런데 전문가들은 절대로 조급하지 말라고 주의를 준다. 왜냐하면 이 시기에 사람들의 위장 기능이 좀 약해져 있어서 만약 고기 같은 고단백질 식품을 너무 많이 먹게 되면 소화기관에 부담을 증가시킬 수 있고 위장 기능에 영향을 주기 때문이다. 따라서 육류 섭취는 적당해야 하는데 가장 좋은 것은 날씨가 정말로 상쾌해지기 시작한 후에 육식을 더 늘리는 것이다.

(a) 적당하지 않다
(b) 여전히
(c) 가장 좋은 것은
(d) 앞으로

Set 1 독해

자구 풀이

- 熬(áo) 견디다
- 心田(xīntián) 마음
- 贴秋膘(tiēqiūbiāo) 가을에 들어서면서 생선이나 육류 등을 먹고 원기를 북돋우다
- 提醒(tíxǐng) 주의를 주다
- 切莫(qiè mò) 절대 ~하지 마라
- 操之过急(cāo zhī guò jí) 너무 조급하다
- 胃肠(wèicháng) 위장
- 弱(ruò) 약하다
- 蛋白(质)(dànbáizhì) 단백질
- 负担(fùdān) 부담
- 不宜(bùyí) 적당하지 않다

Part IV

| 문제 36~50 | 다음 글을 읽고 주어진 질문에 대한 가장 알맞은 답을 고르시오.

36 近日我市将迎来大风降温天气，昨日我市最低气温仅为-1℃。气象专家表示，预计未来5天日平均气温都在5℃以下，望市民出行注意保暖。

问：上文是一段介绍什么的文字？

(a) 历史
(b) 人物
(c) 天气
(d) 地理

| 해설 | '강한 바람(大风)', '기온 하강(降温)', '날씨(天气)', '기온(气温)' 등의 표현이 사용된 글이다. 소개하고 있는 내용은 (c) 날씨(天气)이다.

번역 요 며칠 우리 도시는 바람이 크게 불고 찬 공기가 다가와 어제 우리 도시의 최저 기온이 영하 1도나 되었습니다. 기상 전문가에 따르면 앞으로 5일간 평균 기온이 모두 영상 5도 이하가 될 것으로 예측되므로 시민들은 외출 시 따뜻하게 하시기 바랍니다.

[질문] 윗글은 무엇을 소개하고 있는 글입니까?

(a) 역사
(b) 인물
(c) 날씨
(d) 지리

자구 풀이

- 迎(yíng) 맞이하다
- 仅(jǐn) ~밖에
- 出行(chūxíng) 외출하다
- 保暖(bǎonuǎn) 보온하다, 따뜻하게 하다
- 地理(dìlǐ) 지리

37 最近的年轻人大多喜欢与众不同，婚礼也办得很有个性。什么自行车婚礼啦，热气球婚礼啦，海洋婚礼啦等等，这些打破了传统的婚礼形式，非常有特色。

问：上文主要介绍了什么？

(a) 新郎和新娘
(b) 婚礼新形式
(c) 热气球之旅
(d) 大自然美景

| 해설 | 요즘 젊은이들의 '결혼식(婚礼)'은 개성이 잘 드러난다는 사실을 설명한 글이다. '전통 혼례의 형식을 깨뜨린다(打破了传统的婚礼形式)'는 설명이 있으므로 이 글이 소개하고 있는 내용은 (b) '결혼식의 새 형식(婚礼新形式)'이다.

번역 요즘 젊은이들은 평범한 사람들과 다른 것을 대부분 선호해서 결혼식도 개성이 잘 드러나게 한다. 무슨 자전거 결혼식, 열기구 결혼식, 해양 결혼식 등등이 그러한 것인데 모두 전통 혼례의 형식을 깨뜨려서 아주 특색이 있다.

[질문] 윗글은 주로 무엇을 소개하고 있습니까?

(a) 신랑과 신부
(b) 결혼식의 새 형식
(c) 열기구 여행
(d) 자연 경관

자구 풀이

- 与众不同(yǔ zhòng bù tóng) 평범한 사람들과 다르다
- 个性(gèxìng) 개성
- 打破(dǎpò) 깨뜨리다
- 传统(chuántǒng) 전통
- 特色(tèsè) 특색

38 小李这个寒假打算和同学一起去旅行。因为来中国以前他就听人说杭州很美，于是他们打算先去杭州看看。

问：小李寒假打算做什么？

(a) 去杭州转转
(b) 去中国学习
(c) 跟人去打工
(d) 跟朋友回国

| 해설 | 지문을 읽고 샤오리가 '겨울방학(寒假)' 때 무엇을 할 계획인지에 대한 알맞은 답을 고르는 문제이다. 지문에 '친구와 함께 여행가기(和同学一起去旅行)'와 '우선 항저우에 가서 둘러보기(先去杭州看看)'라는 설명이 있으므로 정답은 (a) '항저우에 가서 둘러보기(去杭州转转)'이다. (b), (c), (d)는 지문에 언급되지 않은 내용이다.

번역 샤오리는 이번 겨울방학 때 학교 친구들과 함께 여행을 가기로 했다. 중국에 오기 전에 항저우가 아름답다는 말을 들었기 때문에 그들은 먼저 항저우에 가서 둘러보기로 하였다.

[질문] 샤오리는 겨울방학 때 무엇을 하려고 합니까?

(a) 항저우에 가서 둘러보기
(b) 중국에 가서 공부하기
(c) 사람들과 아르바이트하러 가기
(d) 친구와 귀국하기

자구 풀이
- 寒假(hánjià) 겨울방학
- 转(zhuàn) 둘러보다
- 打工(dǎ//gōng) 아르바이트하다

39 川菜，是中国四大菜系之一，也是最有特色的菜系，起源于四川地区，以麻、辣、鲜、香为特色。川菜取材广泛，风格朴实清新，具有浓厚的乡土气息。代表菜品有鱼香肉丝、麻婆豆腐等等。

问：有关川菜，下面哪一项正确？

(a) 被划分成四大流派
(b) 是四川地区的菜肴
(c) 以酸甜、清淡为主
(d) 豆类是其主要食材

| 해설 | 쓰촨요리에 관한 설명 중 정확한 것을 고르는 문제이다. 정답은 (b) '쓰촨 지역의 요리이다(是四川地区的菜肴)'이다. (a)의 '4가지 유파(四大流派)'는 중국요리 전체의 분파를 말하는 것이고, (c)의 '새콤달콤과 담백함 위주이다(以酸甜、清淡为主)'는 지문의 내용에 위배되며, (d)의 '두부 종류가 주요 식재료이다(豆类是其主要食材)'는 지문에 두부를 재료로 한 쓰촨요리 '마포더우푸(麻婆豆腐)'가 언급되었을 뿐 주요 식재료라는 내용은 나오지 않아서 (a), (c), (d)는 모두 오답이다.

번역 쓰촨요리는 중국의 4대 요리 계통 중의 하나이고 또 가장 특색 있는 요리 계통으로, 쓰촨 지역에서 유래하고 얼얼함, 매움, 신선함, 향기로움을 특색으로 한다. 쓰촨요리는 식재료를 폭넓게 쓰고 소박하고 신선하여 진한 향토의 정취가 있다. 대표적인 요리로는 위샹러우쓰, 마포더우푸 등등이 있다.

[질문] 쓰촨요리와 관련된 아래의 내용 중 정확한 것은 무엇입니까?

(a) 4가지 유파로 나누어진다
(b) 쓰촨 지역의 요리이다
(c) 새콤달콤함과 담백함 위주이다
(d) 두부 종류가 주요 식재료이다

자구 풀이

- 起源(qǐyuán) 유래하다
- 四川(Sìchuān) 쓰촨
- 麻(má) 얼얼하다
- 辣(là) 맵다
- 鲜(xiān) 신선하다
- 香(xiāng) 향기롭다, 맛이 좋다
- 取材(qǔcái) 재료를 고르다
- 广泛(guǎngfàn) 폭넓다
- 风格(fēnggé) 품격
- 朴实(pǔshí) 소박하다
- 清新(qīngxīn) 신선하다
- 浓厚(nónghòu) (색채·분위기·의식 등이) 농후하다, 강하다, 짙다
- 乡土气息(xiāngtǔ qìxī) 향토의 정취, 분위기
- 划分(huàfēn) 나누다
- 流派(liúpài) 유파
- 菜肴(càiyáo) 요리
- 清淡(qīngdàn) 담백하다

40 小王今年暑假里忙着招待客人、写论文，一点儿没休息着。开学三天了，一周八节课他讲起来都觉得有点儿累。这下他可算体会到了劳逸结合的重要性。

问：根据上文，有关小王，我们可以知道什么？

(a) 他每周都要上课
(b) 他们学校还没开学
(c) 他最近一直在家休息
(d) 他现在是边休息边工作

| 해설 | 샤오왕에 대한 설명 중 정확한 것을 고르는 문제이다. 정답은 (a) '매주 수업이 있다(他每周有八节课)'이다. 지문에 따르면 (b) '학교는 아직 개학을 하지 않았다(他们学校还没开学)'는 '개학하고 3일이 지났으며(开学三天了)' 때문에 오답이고, (c), (d) 역시 지문의 내용에 위배된다.

번역 샤오왕은 올해 여름방학 동안 손님 접대, 논문 작성으로 바빠서 조금도 쉴 수가 없었다. 개학하고 3일이 지났는데 1주일에 8시간의 수업을 하려 하니 좀 힘들게 느껴졌다. 이번에 샤오왕은 노동과 휴식을 적당히 안배하는 것의 중요성을 제대로 체험하는 셈이 되었다.

[질문] 윗글에 따르면 샤오왕에 관하여 우리가 알 수 있는 것은 무엇인가요?

(a) 매주 수업이 있다
(b) 학교는 아직 개학을 하지 않았다
(c) 최근에 계속 집에서 쉬었다
(d) 지금은 쉬어 가면서 일을 한다

자구 풀이

- 暑假(shǔjià) 여름방학
- 招待(zhāodài) 접대하다
- 这下(zhè xià) 이번, 이제
- 可算(kě suàn)~了(le) ~한 셈이다.
- 劳逸结合(láoyì jiéhé) 노동과 휴식을 적당히 안배하다
- 节(jié) (수업) 시간
- 边(biān)~边(biān)··· ~하면서 …하다

41 《庄子》里有一个故事，说一个下棋能手棋艺超强，当他用瓦罐和别人做赌注下棋时，无往不胜，可当他用金银做赌注下棋时就从来没赢过。为什么呢？庄子说：外重者内拙。

问：上文给了我们什么样的启示？

(a) 化繁为简难中难
(b) 心无挂碍天地宽
(c) 身正不怕影子斜
(d) 小心驶得万年船

| 해설 | '항아리를 걸고 내기 바둑을 할 때는 항상 이기지만(用瓦罐做赌注下棋时无往不胜)', '금은보화를 걸고 하면 한 번도 이긴 적이 없다(用金银做赌注下棋时就从来没赢过)'라는 이야기를 통해 얻을 수 있는 시사점이 무엇인지를 묻는 문제이다. 내기의 규모에 따라 마음가짐이 달라지는 것을 말하는 글이므로 이 내용에 가장 적절한 (b) '마음에 장애물이 없으면 천지가 넓어진다(心无挂碍天地宽)'가 정답이다. (a), (c), (d)는 지문의 내용이 의미하는 바와는 거리가 있다.

번역 『장자』에 있는 이야기이다. 솜씨가 대단히 뛰어난 한 바둑의 대가는 항아리를 걸고 다른 사람과 내기 바둑을 둘 때에는 항상 이기지만 금은보화를 걸고 내기 바둑을 둘 때에는 한 번도 이긴 적이 없었다. 왜 그럴까? 장자는 "밖을 중시하면 안이 어리석다(마음을 비우지 않고는 무슨 일을 해도 제대로 되지 않는다)"라고 말한다.

[질문] 윗글은 우리에게 어떤 시사점을 주나요?

(a) 복잡한 것을 간단하게 하는 것은 대단히 어렵다
(b) 마음에 장애물이 없으면 천지가 넓어진다
(c) 몸이 곧으면 그림자 기울어짐을 두려워하지 않는다
(d) 조심은 만 년 된 배도 운전할 수 있다

자구 풀이

- 能手(néngshǒu) 고수, 대가
- 棋艺(qíyì) 장기나 바둑을 두는 솜씨
- 瓦罐(wǎguàn) 항아리
- 赌注(dǔzhù) 도박에 건 돈이나 물건
- 无往不胜(wú wǎng bú shèng) 가는 곳마다 승리하다
- 赢(yíng) 이기다
- 拙(zhuō) 졸렬하다
- 化繁为简(huà fán wéi jiǎn) 복잡한 것을 간단하게 하다
- 挂碍(guà'ài) 장애물
- 身正不怕影子斜(shēn zhèng bú pà yǐngzi xié) 몸이 곧으면 그림자 기울어짐을 두려워하지 않는다
- 小心驶得万年船(xiǎo xīn shǐ dé wàn nián chuán) 조심은 만 년 된 배도 운전할 수 있다

42 为农民工和城市低收入家庭子女开设的“小荷课堂”很受欢迎。今年6月，农民工子弟学校二年级学生郑爽，经审核筛选，如愿进入了“小荷课堂”舞蹈班。她十分珍惜这次免费学习的好机会，刻苦训练，进步很快。这次在全省青少年艺术表演会上她与同伴一起登台表演，受到了观众的热烈欢迎。

问：根据这段文字，我们可以了解到“小荷课堂”的什么信息？

(a) 没有教师
(b) 不发教材
(c) 不收学费
(d) 只教舞蹈

| 해설 | '농민공과 도시 저소득층 가정 자녀를 위한(为农民工和城市低收入家庭子女)' '샤오허 교실(小荷课堂)'에 대한 설명 중 정확한 것을 고르는 문제이다. 정답은 (c) '수업료를 받지 않는다(免费学习)'이다. 지문에서 '정솽(郑爽)'이 '이번 무료 학습의 좋은 기회를 아주 소중하게 생각한다(她十分珍惜这次免费学习的好机会)'는 부분이 있기 때문이다. (a), (b), (d)의 내용은 지문에 언급되지 않은 내용이다.

번역 농민공(도시의 농민 출신 노동자)과 도시 저소득층 가정의 자녀들을 위한 "샤오허 교실"이 인기가 있다. 올해 6월 농민공 자녀 학교 2학년 학생인 정솽은 심사 선발을 거쳐서 본인이 원하는 대로 "샤오허 교실" 무용반에 들어갔다. 정솽은 이번 무료 학습의 좋은 기회를 아주 소중하게 생각하여 피나는 노력을 하였고 실력도 아주 빠르게 향상하였다. 이번 성(省) 청소년 예술 공연 대회에서 정솽은 학교 친구와 함께 무대에 올라 관중들의 열렬한 환영을 받았다.

[질문] 이 글에 따르면 우리는 "샤오허 교실"의 어떤 정보를 알 수 있습니까?

(a) 교사가 없다
(b) 교재를 배부하지 않는다
(c) 수업료를 받지 않는다
(d) 무용만 가르친다

자구 풀이

- 农民工(nóngmíngōng) 농민공(도시의 농민 출신 노동자)
- 审核(shěnhé) 심사하다
- 筛选(shāixuǎn) 선발하다
- 如愿(rúyuàn) 원하는 대로 되다
- 珍惜(zhēnxī) 소중히 생각하다
- 刻苦(kèkǔ) 피나는 노력을 하다
- 登台表演(dēngtái biǎoyǎn) 무대에서 공연하다
- 教(jiāo) 가르치다
- 舞蹈(wǔdǎo) 무용

43 这房子是新装修的，家具、家电也都是新买的；离车站又很近，交通方便，离您公司也不远，您可以坐公共汽车甚至可以骑自行车上班，把身体也锻炼了。价格还这么实惠，真的很值得考虑。

问：根据上文，关于这房子，下面哪一项正确？

(a) 价格有点儿贵
(b) 离机场比较近
(c) 乘公交很方便
(d) 周围环境优美

| 해설 | 집에 관한 설명 중 정확한 것을 고르는 문제이다. 지문에서 '버스 정류장에서도 가까워서 교통이 편리하고(离车站又很近，交通方便)', '버스를 타고 출근할 수 있다(可以坐公共汽车上班)'라고 하였으므로 정답은 (c) '버스를 타는 것이 편리하다(乘公交很方便)'이다. (a) '가격이 좀 비싸다(价格有点儿贵)'는 지문의 '가격이 실속이 있다(价格实惠)'와 상반되고, (b)와 (d)는 지문에 언급되지 않은 내용으로 모두 정답이 아니다.

번역 이 집은 인테리어를 새로 했고 가구, 가전도 모두 새로 구입한 것입니다. 버스 정류장에서도 가까워서 교통이 편리하고 선생님 회사에서도 멀지 않습니다. 선생님께서는 버스를 타도 되고 심지어 자전거를 타고도 출근하실 수 있어서 운동도 할 수 있습니다. 가격도 실속이 있어서 고려해 볼 만한 가치가 충분히 있습니다.

[질문] 윗글에 따르면 집에 관한 아래 내용 중 정확한 것은 무엇입니까?

(a) 가격이 좀 비싸다
(b) 공항에서 비교적 가깝다
(c) 버스를 타는 것이 편리하다
(d) 주위 환경이 아름답다

자구 풀이

- 装修(zhuāngxiū) 인테리어 하다
- 家具(jiājù) 가구
- 甚至(shènzhì) 심지어
- 锻炼(duànliàn) 단련하다, 운동하다
- 实惠(shíhuì) 실속 있다

44 谨慎自爱本是美德，但是如果过分，就会变成畏缩无能。在战壕里，战士要是开枪射击，就容易使敌人瞄准他的位置，但是一枪不放的战士又如何立功呢？多做多错少做少错，不做不错。这话确实是经验之谈，但是不做不错的“不错”，到底有什么价值？

问：上文主要想告诉我们什么？

(a) 万事开头难
(b) 做事要谨慎
(c) 不要怕犯错
(d) 要懂得自爱

| 해설 | '신중함(谨慎)'과 실수에 관한 설명 중 정확한 것을 고르는 문제이다. 지문에 따르면 글쓴이는 '일을 안 하면 좋다에서 그 "좋음"은 도대체 어떤 가치를 가진 것일까(但是不做不错的"不错"到底有什么价值)?'라고 하면서 좋게 평가하고 있지 않으므로 이 생각과 연관된 (c) '실수하는 것을 두려워하지 말라(不要怕犯错)'가 정답이다. (a)는 지문에 언급되지 않는 내용이고, (b)와 (d)는 신중함을 강조하여 지문과 상반된 내용이므로 정답이 아니다.

번역 신중하고 자신을 사랑하는 것은 원래는 미덕이지만 지나칠 경우에는 움츠러들고 무능해질 수 있다. 참호에 있는 군인이 사격을 한다면 쉽게 적에게 본인의 위치를 조준하게 만들겠지만 한 발도 쏘지 않는 군인이라면 또 어떻게 공을 세울 수 있겠는가? 일을 많이 하면 실수가 많고 일을 적게 하면 실수가 적고 일을 안 하면 실수가 없다. 이 말은 확실히 경험담이겠지만 일을 안 하면 실수가 없다는 말에서 "실수가 없다"라는 것은 도대체 어떤 가치가 있겠는가?

[질문] 윗글이 말하고자 하는 것은 무엇입니까?

(a) 모든 일은 시작이 힘들다

(b) 일을 할 때에는 신중해야 한다

(c) 실수하는 것을 두려워하지 말라

(d) 자신을 사랑할 줄 알아야 한다

자구 풀이

- 谨慎(jǐnshèn) 신중하다
- 过分(guòfèn) 지나치다
- 畏缩无能(wèisuō wúnéng) 움츠러들고 무능해지다
- 战壕(zhànháo) 참호
- 开枪射击(kāiqiāng shèjī) 사격하다
- 瞄准(miáo//zhǔn) 조준하다
- 立功(lì//gōng) 공을 세우다
- 经验之谈(jīngyàn zhī tán) 경험담
- 万事开头难(wàn shì kāi tóu nán) 모든 일은 시작이 힘들다
- 犯(fàn) 저지르다, 범하다

45 据报道，美国新一代载人飞船本月5日完成了首次试飞，成功落入预定海域。这艘飞船是继航天飞机后的美国新一代载人航天工具，如测试及工程进度一切顺利，此飞船将于2021年首次载人飞行。

问：读了上文，有关“载人飞船”，我们可以获得什么信息？

(a) 载人首飞成功
(b) 有别于航天飞机
(c) 15日落入预定海域
(d) 将于2021年前往火星

| 해설 | 유인 우주선에 관한 설명 중 맞는 설명을 고르는 문제이다. 지문에서 ‘우주 왕복선의 뒤를 잇는 미국의 새로운 유인 우주선(继航天飞机后的美国新一代载人航天工具)’이라고 소개하였으므로 (b) ‘우주 왕복선과 다르다(有别于航天飞机)’가 적절한 설명이다. 한편 ‘2021년도에 최초로 사람이 탑승한 비행을 할 것(2021年首次载人飞行)’이라고 전망하였으므로 (a)는 정답이 아니고, ‘5일에 예정된 해역에 낙하하였으므로(本月5日~落入预定海域)’ (c)도 정답이 아니다. (d)는 지문에 언급되지 않은 내용이다.

번역 보도에 따르면 미국의 새로운 유인 우주선이 이번 달 5일 처음 시험 비행을 마치고 예정된 해역 낙하에 성공하였다고 한다. 이 우주선은 우주 왕복선의 뒤를 잇는 미국의 새로운 유인 우주선으로 시험 및 사업 진행이 원활하게 이루어질 경우 이 우주선은 앞으로 2021년도에 최초로 사람이 탑승한 비행을 하게 된다.

[질문] 윗글을 읽으면 “유인 우주선”에 관하여 어떤 정보를 얻을 수 있습니까?

(a) 사람이 탑승한 첫 번째 비행이 성공적이었다
(b) 우주 왕복선과 다르다
(c) 15일에 예정된 해역에 낙하하였다
(d) 2021년에 화성에 갈 예정이다

자구 풀이

- 载人飞船(zàirén fēichuán) 유인 우주선
- 海域(hǎiyù) 해역
- 艘(sōu) (선박을 세는 단위) 척
- 继(jì)~后(hòu) ~에 이어
- 有别于(yǒu bié yú)~ ~과 다르다
- 前往(qiánwǎng) 나아가다, 가다

46 "胭脂"体现了古人对美的追求。它其实是一种名叫"红蓝"的花朵，这种花的花瓣中含有红、黄两种色素，将整朵花放在石钵中反复杵槌，淘去黄汁后，就成了鲜艳的红色染料，即"胭脂"。由于胭脂的推广流行，汉代以后，做红妆的妇女与日俱增。

问：根据上文，我们可以知道什么？

(a) 红色染料又名"胭脂"
(b) 红蓝花的栽培始于汉代
(c) 胭脂含有红、蓝两种颜色
(d) 胭脂的主要原料为红蓝花

| 해설 | 연지에 관한 설명 중 맞는 것을 고르는 문제이다. '꽃잎에 빨강, 노랑 두 색소가 있는 것(花瓣中含有红、黄两种色素)'과 '노란색 즙을 거른 다음에 바로 선명한 빨간색 염료가 되는 것(淘去黄汁后, 即成鲜艳的红色染料)'이라고 설명한 것으로 보아 정답은 (d) '연지의 주원료는 홍람화이다(胭脂的主要原料为红蓝花)'이다. (a), (b)의 내용은 지문에 언급되지 않았으므로 정답이 아니다. 연지는 빨간색이므로 (c)도 정답이 아니다.

번역 "연지"는 옛사람들의 미적 추구를 구체적으로 드러내고 있는데 실제로는 이름이 "홍람"인 꽃이다. 이 꽃의 꽃잎에는 빨강, 노랑 두 색소가 있는데 꽃송이 채로 모두 돌절구에 넣고 계속 절구공이질을 하면 노란색 즙을 걸러 낸 다음에 바로 선명한 빨간색 염료가 되는데 이것이 바로 "연지"이다. 연지의 보급과 유행으로 한대 이후에는 색조 화장을 한 여인들이 날이 갈수록 늘어났다.

[질문] 윗글에 따르면 우리는 무엇을 알 수 있습니까?

(a) 빨간색 염료는 "연지"라고도 불린다

(b) 홍람화의 재배는 한대(汉代)에 이루어졌다

(c) 연지는 빨강과 파랑 두 가지 색깔을 가지고 있다

(d) 연지의 주원료는 홍람화이다.

자구 풀이

- 胭脂(yānzhi) 연지
- 追求(zhuīqiú) 추구하다
- 花瓣(huābàn) 꽃잎
- 色素(sèsù) 색소
- 整(zhěng) 모든, 온
- 石钵(shíbō) 돌절구
- 杵槌(chǔchuí) 절구공이질을 하다
- 淘(táo) 일다, 거르다
- 红妆(hóngzhuāng) 색조 화장
- 与日俱增(yǔ rì jù zēng) 날이 갈수록 많아지다

47 今天是招聘会的第一天，现场人头攒动，前来招聘的单位都是当地的城镇企业，共提供了适合农村劳动力就业的生产操作、餐饮服务等900多个岗位。当局还在现场设立了劳动合同法法律咨询点，向农民介绍有关签订合同、享受待遇、预防毒品等法规的基本知识。当天达成就业合同的有120多人。

问：根据上文，我们可以了解到什么？

(a) 农民工的待遇比较低
(b) 受聘农民需远离家乡
(c) 招聘单位来自全国各地
(d) 招聘会的对象都是农民

| 해설 | 채용박람회와 관련된 지문과 부합되는 내용을 찾는 문제이다. 지문에 '농촌 노동력 취업에 적합한 ~일자리를 제공하였다(共提供了适合农村劳动力就业的~岗位)'라는 설명과 '농민들에게 소개하였다(向农民介绍)'라는 설명으로 보았을 때 (d) '채용박람회의 대상은 모두 농민이다(招聘会的对象都是农民)'가 정답이다. (a)는 지문에서 알 수 없는 내용이고, (b)와 (c)는 '박람회에 와서 채용하는 회사는 모두 그 지역의 기업들(前来招聘的单位都是当地的城镇企业)'이라는 설명과 부합하지 않아 모두 오답이다.

번역 오늘은 채용박람회의 첫날이고 현장에 인파가 북적거렸는데 박람회에 와서 채용하는 회사는 모두 그 지역의 기업들로 농촌 노동력 취업에 적합한 생산직 노동, 요식서비스업 등 900여 개의 일자리를 제공하였다. 당국은 또 현장에 노동계약법률자문센터를 만들어 농민들에게 계약서 서명, 처우, 마약류 예방과 관련된 기본 법률 지식을 소개하였다. 당일 취업계약에 성공한 사람은 120여 명이었다.

[질문] 윗글에 따르면 우리는 무엇을 알 수 있습니까?

(a) 농민 노동력에 대한 처우는 비교적 낮다

(b) 채용된 농민은 고향을 멀리 떠나야 한다

(c) 채용 회사는 전국 각지에서 왔다

(d) 채용박람회의 대상은 모두 농민이다

자구 풀이

- 招聘会(zhāopìnhuì) 채용박람회
- 人头攒动(réntóu cuándòng) 인파가 북적거리다
- 单位(dānwèi) 회사
- 城镇企业(chéngzhèn qǐyè) 지역 기업
- 岗位(gǎngwèi) 일자리
- 签订(qiāndìng) 서명하다
- 待遇(dàiyù) 처우
- 毒品(dúpǐn) 마약

48 足坛名将梅西在足球名宿们的眼中是那样的朴实无华，即使功成名就，仍一如既往——每年夏天，梅西总会与家人一起回到其位于老家罗萨里奥的老房子里居住。即便老屋长年无人看管，他也从未想过将其转手。

问：读了上文，我们可以想起下面哪句话？

(a) 功成身退，天之道也
(b) 落叶归根，回归自然
(c) 名利俱爱，宠辱皆惊
(d) 初心勿忘，方得始终

| 해설 | 축구 선수 메시의 성격과 생활을 설명한 위 문장에서 떠올릴 수 있는 표현을 고르는 문제이다. 지문에 '비록 성공하여 유명해졌지만 여전히 예전과 같다(即使功成名就，仍一如既往)'라는 말에 비추어 보았을 때 (d) '초심을 잊어버리지 않아야 시작과 끝이 좋다(初心勿忘，方得始终)'가 지문 내용에 가장 부합하는 답안이다.

번역 축구계의 명장인 메시는 축구 원로들의 눈에 대단히 수수하고 꾸밈이 없어서 비록 성공하여 유명해졌지만 여전히 예전과 같다. 매년 여름에 메시는 항상 가족들과 함께 고향 로사리오에 있는 옛집에 돌아가서 생활한다. 설령 일년 내내 아무도 옛집을 관리하지 않더라도 메시는 여태껏 집을 팔 생각을 해 본 적이 없다.

[질문] 윗글에 따르면 아래의 어떤 말을 떠올릴 수 있습니까?

(a) 성공한 후 물러나는 것은 하늘의 도리이다
(b) 타향에 있는 사람도 결국 고향으로 돌아가고 자연으로 돌아간다
(c) 명예와 이익을 모두 사랑하고 총애와 모욕에 모두 놀란다
(d) 초심을 잊어버리지 않아야 시작과 끝이 좋다

자구 풀이

- 足坛(zútán) 축구계
- 名宿(míngsù) 원로
- 朴实无华(pǔshí wúhuá) 수수하고 꾸밈이 없다
- 功成名就(gōng chéng míng jiù) 성공하여 유명해지다
- 一如既往(yì rú jì wǎng) 여전히 예전과 같다
- 转手(zhuǎn//shǒu) 팔다
- 功成身退，天之道也(gōng chéng shēn tuì, tiān zhī dào yě) 성공한 후 물러나는 것은 하늘의 도리이다
- 落叶归根(luò yè guī gēn) 타향에 있는 사람도 결국 고향으로 돌아가고 자연으로 돌아간다
- 宠辱皆惊(chǒng rǔ jiē jīng) 명예와 이익을 모두 사랑하고 총애와 모욕에 모두 놀란다
- 初心勿忘，方得始终(chū xīn wù wàng, fāng dé shǐ zhōng) 초심을 잊어버리지 않아야 시작과 끝이 좋다

49 在神奇的超低温世界中，金属也会变得面目全非：水银在常温下，是闪耀着银光的液体。可是，你把水银温度计伸进液态空气，水银柱一下子就冻得像一根大头针似的！铅平常是软绵绵的，要直就直，要弯就弯，非常“听话”，可是在超低温世界里，铅变得非常富有弹性，你一松手它就会“倔强”地弹回去恢复原状。

问：下面哪一项适合用来描写铅在超低温世界里的性格？

(a) 百无聊赖
(b) 百孔千疮
(c) 百依百顺
(d) 百折不挠

| 해설 | 초저온 세계를 설명한 지문의 내용에 비추어 납이 초저온 세계에 있을 때 성질을 맞게 묘사한 것을 고르는 문제이다. 납은 평소에는 '아주 "순종적"(非常"听话")'이지만 초저온 상태에서는 '아주 "고집이 세다"(非常"倔强")'라는 설명에 따르면 (d) '좌절에도 꺾이지 않는다(百折不挠)'가 가장 적절한 비유이다. (a), (b), (c)는 지문의 설명과 상관이 없는 비유로 모두 오답이다.

번역 신기한 초저온 세계에서는 금속도 모습이 전혀 다르게 바뀔 수 있다. 즉, 수은은 상온에서는 은색으로 빛나는 액체이지만 수은온도계를 액체 공기에 넣는다면 수은주는 갑자기 얼어서 핀처럼 되어 버린다! 납은 평소에는 부들부들해서 곧게 하면 곧게 있고 구부리면 구부려져 아주 "순종적"이지만, 초저온 세계에서 납은 아주 탄성이 풍부해져서 손을 놓기만 하면 "고집 세게" 원래 상태대로 튕겨 돌아가게 된다.

[질문] 아래의 어느 내용이 납이 초저온 세계에 있을 때의 성질을 묘사한 것입니까?

(a) 몹시 따분하다

(b) 만신창이가 되다

(c) 다른 사람의 말에 무조건 따르다

(d) 좌절에도 꺾이지 않는다

자구 풀이

- 神奇(shénqí) 신기하다
- 面目全非(miànmù quán fēi) 전혀 다르게 바뀌다
- 闪耀(shǎnyào) 빛나다
- 冻(dòng) 얼다
- 大头针(dàtóuzhēn) 핀
- 软绵绵(ruǎnmiánmián) 부들부들하다
- 弹性(tánxìng) 탄성
- 松手(sōng//shǒu) 손을 놓다
- 倔强(juéjiàng) 고집이 세다
- 百无聊赖(bǎi wú liáo lài) 몹시 따분하다
- 百孔千疮(bǎi kǒng qiān chuāng) 만신창이가 되다
- 百依百顺(bǎi yī bǎi shùn) 다른 사람의 말에 무조건 따르다
- 百折不挠(bǎi zhé bù náo) 좌절에도 꺾이지 않는다

50 在浩如烟海的名人轶事中，最出彩的莫过于粤剧名伶邝新华的一则小故事。邝先生70多岁时，有一天，他在台上扮演将军，转战沙场提枪杀敌。怎奈年事已高，两眼昏花，一时没看清，竟误向锣鼓兵那边杀去，全场轰笑，大喝倒彩。邝先生知错，立即按枪疾声道白："不好了！沙尘滚滚，错杀良民，如何是好？"

问：上文讲的是一段什么故事？

(a) 邝新华救场
(b) 邝新华点兵
(c) 名将之反间计
(d) 名将之一言堂

| 해설 | 월극 배우 광신화의 에피소드를 설명한 지문에서 에피소드가 무엇을 말하고 있는지를 묻는 문제이다. 연기를 틀리게 하여 '야유를 받았을(喝倒彩)' 때 기지를 발휘하여 '모래 먼지가 이렇게 이는데 양민을 잘못 죽였으니 어찌하면 좋으리(沙尘滚滚, 错杀良民, 如何是好)?'라고 응대한 것으로 보아 (a) 광신화의 위기 모면이 가장 적절한 정답이다. (b), (c), (d)는 지문과 관련이 없는 내용이다.

번역 끝없이 펼쳐진 유명인의 에피소드 중에서 가장 뛰어난 것도 월극의 유명한 배우 광신화의 에피소드를 넘어서지 못한다. 광 선생이 70여 세가 되었을 때, 어느 날 무대에서 장군으로 분장을 하고 전쟁터를 전전하면서 총을 들고 적을 죽이는데 나이가 많이 들어 눈앞이 침침한 것을 어찌하랴? 순간 잘 보지를 못하고 잘못하여 갑자기 징과 북을 치는 병사들 쪽으로 죽여 나갔다. 장내가 웃음바다를 이루고 큰 야유가 나왔다. 광 선생은 잘못한 것을 알고 바로 총을 놓고 다급하게 대사를 하였다. "큰일났네. 모래 먼지가 이렇게 세차서 양민을 잘못 죽였으니 어찌하면 좋으리?"

[질문] 윗글이 말하고 있는 것은 아래의 어느 이야기인가요?

(a) 광신화의 위기 모면

(b) 광신화의 부대 사열

(c) 명장의 이간책

(d) 명장의 독단

자구 풀이

- 浩如烟海(hào rú yānhǎi) 끝없이 펼쳐지다
- 名人轶事(míngrén yìshì) 유명인의 에피소드
- 出彩(chū//cǎi) 뛰어나다
- 莫过于(mòguòyú) 넘어서지 못하다
- 粤剧(yuèjù) 월극
- 名伶(mínglíng) 유명한 중국 전통극 배우
- 扮演(bànyǎn) 출연하다
- 转战沙场(zhuǎnzhàn shāchǎng) 전쟁터를 전전하다
- 提枪杀敌(tí qiāng shā dí) 총을 들어 적을 죽이다
- 怎奈(zěnnài) 어찌하랴
- 两眼昏花(liǎng yǎn hūnhuā) 눈앞이 침침하다
- 竟(jìng) 뜻밖에
- 锣鼓兵(luógǔbīng) 징과 북을 치는 병사
- 轰笑(hōngxiào) 떠들썩하게 웃다
- 喝倒彩(hè dàocǎi) 야유하다
- 疾声(jíshēng) 다급한 소리
- 道白(dàobái) 대사를 하다
- 沙尘滚滚(shāchén gǔngǔn) 모래 먼지가 세차다
- 救场(jiù//chǎng) 위기를 모면하다
- 点兵(diǎn//bīng) 부대 사열
- 反间计(fǎnjiànjì) 이간책
- 一言堂(yìyántáng) 독단 (대중의 의견을 무시하는 지도자의 독단적인 태도)

SET2

청해

독해

Part I

| 문제 1~15 | 다음 문장을 듣고 자연스러운 대화를 이룰 수 있는 가장 적절한 응답을 고르시오.

01

男：明天有课吗？

女：________。

(a) 喜欢

(b) 没有

(c) 好的

(d) 可以

| 해설 | 수업이 있는지를 묻는 말에 대한 적절한 응답을 묻는 문제이다. 질문에 동사 '있다(有)'가 사용되었으므로 긍정으로 답할 때 '있다(有)', 부정으로 답할 때 '없다(没有)'를 사용하는 것이 일반적이다. '없다(没有)'라는 표현이 있는 (b)가 정답이다.

번역

남: 내일 수업 있니?

여: ________.

(a) 좋아해

(b) 없어

(c) 좋아

(d) 괜찮아

자구풀이

- 课(kè) 수업
- 可以(kěyǐ) 괜찮다

02 女：今天我请客，你随便点。

男：＿＿＿＿＿＿＿＿＿。

(a) 那我就不客气了

(b) 我们一共三个人

(c) 我想去看看朋友

(d) 那咱们明天见吧

| 해설 | '한 턱 내겠다'는 말에 대한 적절한 응답을 묻는 문제이다. 중요 표현은 '한 턱 내다(请客)'와 '사양하다(客气)'이다. '편하게 주문하다(随便点)'에 어울리는 답변은 '사양하지 않겠다(不客气)'는 표현이 있는 (a)이다.

번역 여: 오늘 내가 낼게. 너 편하게 시켜.

남: ＿＿＿＿＿＿＿＿＿＿＿＿.

(a) 그럼 사양하지 않을게

(b) 우리는 전부 세 사람이야

(c) 친구를 좀 보러 가고 싶어

(d) 그럼 우리 내일 보자

자구 풀이

- 请客(qǐng//kè) 한 턱 내다
- 随便(suíbiàn) 편하게

03 男：请问，停车场在哪儿？

女：＿＿＿＿＿＿。

(a) 不是他啊

(b) 前面就是

(c) 我要上车

(d) 车在那儿

| 해설 | 주차장이 어디에 있는지를 묻는 말에 대한 적절한 응답을 묻는 문제이다. 질문에 장소를 묻는 의문사가 사용되었으므로 장소를 나타내는 표현으로 답하여야 한다. '앞쪽(前面)'이라는 표현이 있는 (b)가 정답이다. (d)에도 장소를 나타내는 '저기(那儿)'라는 표현이 있지만 '주차장(停车场)'이 아닌 '차(车)'가 있는 위치를 말한 것이므로 오답이다.

번역 남: 말씀 좀 여쭤보겠는데요, 주차장이 어디에 있나요?

여: ＿＿＿＿＿＿＿＿.

(a) 그 사람 아니에요

(b) 바로 앞쪽이에요

(c) 전 차를 탈 거에요

(d) 차는 저기 있어요

자구 풀이

- 停车场(tíngchēchǎng) 주차장
- 前面(qiánmiàn) 앞쪽

04

女：来杯咖啡吧？
男：＿＿＿＿＿＿＿＿！

(a) 好啊，再见
(b) 好啊，谢谢
(c) 行啊，吃吧
(d) 行啊，问吧

| 해설 | '커피 한잔 하자(来杯咖啡吧)'고 제안하는 말에 대한 적절한 응답을 묻는 문제이다. 적절한 답변은 '좋지, 고마워(好啊，谢谢)'가 있는 (b)이다. (c)는 '하다(来)'가 대신하는 동사가 '마시다(喝)'이고 '먹다(吃)'가 아니므로 오답이다.

번역

여: 커피 한잔 할래?
남: ＿＿＿＿＿＿＿＿!

(a) 좋지, 잘 가
(b) 좋지, 고마워
(c) 그래, 먹자
(d) 그래, 물어 봐

자구풀이

- 来(lái) 어떤 동작을 하다 (구체적인 동사를 대신하여 사용함)

05 男：女士，请问您要什么时候入住？
女：________。

(a) 八号
(b) 十岁
(c) 五斤
(d) 六天

| 해설 | 언제 입주할지에 대한 응답에 사용되는 적절한 표현을 묻는 문제이다. 질문에 '언제(什么时候)'가 사용되었으므로 시각을 나타내는 양사로 답하여야 한다. 날짜 표현(号)이 나타난 (a)가 정답이다. (d)는 시간의 길이를 의미하는 표현 '일(天)'이 있으므로 오답이다.

번역 남: 사모님, 언제 입주하실 것인지 여쭤봐도 될까요?
여: ____________.

(a) 팔 일이요
(b) 열 살이요
(c) 다섯 근이요
(d) 육 일간이요

자구풀이
- 女士(nǚshì) 사모님, 여사
- 入住(rùzhù) 입주하다
- 岁(suì) 살
- 斤(jīn) 근

06

女：这杯子真好看，在哪儿买的？
男：________________。

(a) 我要了一杯啤酒
(b) 我买了几瓶可乐
(c) 啊，我是要瓶子
(d) 啊，是朋友送的

| 해설 | 어디에서 산 것인지 묻는 말에 대한 적절한 응답을 찾는 문제이다. 본인이 산 것이라면 산 장소를 나타내는 표현으로 답하겠지만 선물 받은 것이라면 (d)가 자연스러운 응답이 된다.

번역

여: 이 컵 진짜 예쁘다. 어디에서 산 거야?
남: ________________.

(a) 나 맥주 한 잔 시켰어
(b) 나 콜라 몇 병 샀어
(c) 응, 난 병이 필요해요
(d) 아, 친구가 선물한 거야

자구 풀이

- 好看(hǎokàn) 예쁘다
- (是(shì))~的(de) (강조구문) ~것이다
- 啤酒(píjiǔ) 맥주
- 瓶(píng) 병
- 送(sòng) 선물하다

07 男：你们什么时候放假啊？

女：＿＿＿＿＿＿＿＿。

(a) 十一点钟吧

(b) 今天放学早

(c) 我还有寒假

(d) 都已经放了

| 해설 | 언제 방학하느냐는 질문에 적절한 응답을 고르는 문제이다. 질문의 '언제(什么时候)'에만 중심을 두면 (a)를 정답으로 오인할 수도 있지만 '방학(放假)'에 중심을 둔 질문이므로 (d)가 정답이다.

번역 남: 너희들 언제 방학하니?

여: ＿＿＿＿＿＿＿＿＿＿＿.

(a) 11시일거야

(b) 오늘은 학교 일찍 끝났어

(c) 난 또 겨울방학이 있지

(d) 벌써 했어

자구 풀이

- 放假(fàng//jià) 방학하다
- 放学(fàng//xué) 수업을 마치다
- 寒假(hánjià) 겨울방학
- 都(dōu)~了(le) 벌써 ~다

08

女：请问，长途客运站怎么走？

男：______________________________。

(a) 给我看一下你的门票

(b) 坐地铁3号线，三站就到

(c) 这趟车满员了，你坐下趟吧

(d) 到前面街口往左拐就是公交站

| 해설 | 시외버스터미널까지 '어떻게 가느냐(怎么走)'에 대한 적절한 응답을 고르는 문제이다. 시외버스터미널에 가는 방법을 알려 준 (b)가 정답이다. (d)는 버스정류장을 가는 방법을 알려 준 것이므로 오답이다.

번역

여: 말씀 좀 여쭤보겠는데요, 시외버스터미널은 어떻게 갑니까?

남: ______________________________.

(a) 입장권을 좀 보여 주세요

(b) 지하철 3호선 타고 세 정거장 가면 도착합니다

(c) 이번 차는 만원입니다, 다음 차 타세요

(d) 앞쪽 길목에서 좌회전하시면 바로 버스정류장입니다

자구 풀이

- 长途客运站(chángtú kèyùnzhàn) 시외버스터미널
- 门票(ménpiào) 입장권
- 趟(tàng) 번
- 满员(mǎnyuán) 만원
- 街口(jiēkǒu) 길목
- 拐(guǎi) 돌아가다
- 公交站(gōngjiāozhàn) 버스정류장

09 男：哎，来看看这款怎么样？

女：＿＿＿＿＿＿＿＿＿＿＿＿。

(a) 怪不得找不到

(b) 听起来有道理

(c) 说不定明天还来

(d) 看上去挺不错的

| 해설 | 스타일이 어떠냐는 질문에 대한 적절한 응답을 고르는 문제이다. '어떠냐(怎么样)'에 대한 답변은 일반적으로 형용사를 사용하므로 '좋다(不错)'로 응답한 (d)가 정답이다.

번역 남: 저기, 와서 이 스타일 어떤가 좀 봐 줘.

여: ＿＿＿＿＿＿＿＿＿＿＿＿.

(a) 어쩐지 찾을 수 없더라

(b) 듣고 보니 일리가 있네

(c) 아마 내일 또 올 거야

(d) 아주 좋아 보여

자구 풀이

- 款(kuǎn) 스타일
- 怪不得(guàibude) 어쩐지
- ~到(dào) (동사 뒤에 쓰여 목적에 도달했거나 결과가 있음을 나타내는 결과보어)
- ~起来(qǐlái) (동사 뒤에 쓰여 어림 짐작하거나 어떤 일에 대한 견해를 나타내는 보어)
- 说不定(shuōbudìng) 아마
- 看上去(kànshangqù) 보아하니
- 不错(búcuò) 좋다

10 女：咱们可说好了，到时候你帮我看论文，可别变卦啊。
男：________________________。

(a) 你呀，就受不得半点儿苦
(b) 你呀，真是太没人缘儿了
(c) 我这个人，从来说话算数
(d) 我劝你啊，就得过且过吧

| 해설 | 부탁을 한 상황에서 '마음이 바뀌면(变卦)' 안 된다고 당부를 하는 말에 대한 적절한 응답을 고르는 문제이다. '말을 하면 꼭 지키다(说话算数)'라는 표현이 있는 (c)가 정답이다.

번역 여: 우리 말 다 된 거야, 때 되면 너 내 논문 봐 줘야 해, 마음 바뀌면 안 돼.
남: ________________________.

(a) 너 말이야, 그까짓 어려움도 참아 내질 못하다니
(b) 너 말이야, 정말 너무 인간관계가 안 좋아
(c) 나란 사람은 말이야, 여태껏 말을 하면 꼭 지켰어
(d) 너한테 충고하는데 웬만하면 그냥 넘어가

자구 풀이

- 可(kě) (평서문에 쓰여 강조를 나타냄)
- ~好(hǎo) (완성을 나타내는 결과보어)
- 到时候(dào shíhòu) 때가 되어서
- 帮(bāng) (~를 도와) 대신 해 주다
- 论文(lùnwén) 논문
- 变卦(biànguà) 마음이 바뀌다
- 人缘儿(rényuánr) 인간관계
- 说话算数(shuō huà suàn shù) 말하면 꼭 지키다
- 劝(quàn) 충고하다
- 得过且过(dé guò qiě guò) 웬만하면 넘어가다

11 男：不是说好了一点到的吗？
女：＿＿＿＿＿＿＿＿＿＿。

(a) 被堵在路上了不是
(b) 等联系好了再说吧
(c) 你自己多当心点儿
(d) 他不在这个部门了

| 해설 | 상대방이 늦었다는 사실을 반어문 표현인 '~하지 않았어(不是~吗)'를 사용하여 강조한 말에 대한 적절한 응답을 고르는 문제이다. '한 시에 도착하기로(一点到)' 한 약속을 못 지킨 이유를 말하는 (a)가 정답이다.

번역

남: 한 시에 도착한다고 하지 않았어?
여: ＿＿＿＿＿＿＿＿＿＿＿＿＿＿.

(a) 길에서 막혀 버렸잖니
(b) 연락 다 되면 이야기하자
(c) 너 스스로 많이 조심해야 해
(d) 그 사람은 이제 이 부서에 없어

자구 풀이

- 堵(dǔ) 막히다
- 路上(lùshang) 길에서
- 等(děng)~了(le) ~한 다음에
- 当心(dāngxīn) 조심하다
- 部门(bùmén) 부서

12 女：科长，孩子突然病了，我想请会儿假。

男：________________________。

(a) 好吧，那你给我开个假条儿

(b) 好吧，那你快来医院看病吧

(c) 是吗？孩子病了，那我请假吧

(d) 是吗？孩子要紧，快去快回吧

| 해설 | 과장에게 아이가 아파서 '잠시 외출계를 내고(请会儿假)' 다녀오겠다는 말에 대한 적절한 응답을 고르는 문제이다. '어서 다녀오라(快去快回)'고 허락한 (d)가 정답이다. (a), (b), (c)는 대화의 상황에 부합하지 않는 응답이다.

번역 여: 과장님, 애가 갑자기 아파서요, 잠시 외출계를 낼까 해요.

남: ________________________.

(a) 좋아요, 그럼 저한테 휴가원 좀 발급해 주세요

(b) 좋아요, 그럼 빨리 병원에 와서 진찰을 받으세요

(c) 그래요? 애가 아프군요. 그럼 제가 휴가를 낼게요

(d) 그래요? 애가 우선이죠. 그럼 어서 다녀오세요

자구풀이

- 科长(kēzhǎng) 과장
- 突然(tūrán) 갑자기
- 请假(qǐng//jià) (휴가, 외출 등을) 신청하다
- 开假条(kāi jiàtiáo) 휴가원을 발급하다
- 要紧(yàojǐn) 중요하다

13 男：哎，别把钱包弄丢了。

女：____________________。

(a) 歇着吧，没准儿来不来呢

(b) 我先走一步，你悠着点儿

(c) 咳，我说你是操不够的心啊

(d) 多吃点儿，下顿不定啥时候

| 해설 | 지갑을 잃어버리지 말라고 걱정하는 말에 대한 적절한 응답을 고르는 문제이다. 필요 이상으로 걱정한다고 생각하는 (c)가 적절한 응답이다. (a), (b), (d)는 내용상 적절한 응답이 아니다.

번역 남: 저기, 지갑 잃어버리지 마.

여: ____________________.

(a) 쉬고 있자. 올지 안 올지 모르잖아

(b) 난 먼저 갈게. 넌 좀 천천히 해

(c) 아이고! 내가 봐선 넌 걱정이 너무 많아

(d) 많이 좀 먹어 둬. 다음 식사가 언제일지 확실치 않아

자구 풀이

- 把(bǎ)~　~을
- 钱包(qiánbāo)　지갑
- 弄(nòng)　하다
- 丢(diū)　잃다
- 歇(xiē)　쉬다
- 没准儿(méizhǔnr)　아마도
- 悠着点儿(yōu zhe diǎnr)　좀 천천히 해
- 操心(cāo//xīn)　걱정하다
- 顿(dùn)　(식사의 횟수인) 끼

14

女：这个人太难琢磨了。
男：________________。

(a) 是吧？说话老卖关子
(b) 是吧？说到就能做到
(c) 可不，你也这么痛快
(d) 可不，这都明摆着的

| 해설 | 사람 속을 알기 힘들다는 말에 대한 적절한 응답을 고르는 문제이다. '알기 힘들다(难琢磨)'와 어울리는 '뜸을 들이다(卖关子)'라는 표현이 있는 (a)가 정답이다.

번역 여: 그 사람 너무 속을 알기 힘들어.
남: ________________________________.

(a) 그렇지? 말할 때 항상 뜸을 들여
(b) 그렇지? 말했으면 해낼 수 있어
(c) 그렇고 말고. 너도 이렇게 시원시원한데
(d) 그렇고 말고. 그건 다 알고 있는 상황이잖아

자구 풀이

- 琢磨(zuómó) 궁리하다
- 卖关子(màiguānzi) 궁금하게 하다
- 说到做到(shuō dào zuò dào) 말한 것을 반드시 실행에 옮기다
- 痛快(tòngkuai) (성격이) 시원시원하다
- 明摆着(míngbǎizhe) 분명하다

15 男：听说你开了一家公司，恭喜恭喜啊！
女：______________。

(a) 对，都要坐一条板凳
(b) 哎哟，真是个愣头青
(c) 哪儿啊，八字没一撇呢
(d) 你瞧你，碰了一鼻子灰

| 해설 | 회사를 차렸다는 반가운 소식을 '누군가에게 듣고(听说)' 축하를 해 주는 말에 대한 적절한 응답을 묻는 문제이다. 남자의 말이 사실이 아니라고 하면서 회사의 윤곽도 아직 드러나지 않았다는 의미가 동시에 있는 (c)가 정답이다.

번역 남: 회사 차렸다면서요? 축하합니다!
여: ______________.

(a) 맞아요. 모두 같은 처지겠지요
(b) 아이고, 정말 생각 없는 사람이네
(c) 아닙니다. 아직 멀었습니다
(d) 네 꼴 좀 봐라, 큰 코 다쳤지

자구 풀이

- 恭喜(gōngxǐ) 축하하다
- 板凳(bǎndèng) (긴 나무 의자의 의미에서 파생되어) 입장
- 愣头青(lèngtóuqīng) 생각 없는 사람
- 八字没一撇(bā zì méi yì piě) (일의 윤곽이) 아직 잡히지 않다
- 碰了一鼻子灰(pèng le yì bí zi huī) 큰 코 다치다

Part II

| 문제 16~30 | 다음 대화를 듣고 자연스러운 대화를 이룰 수 있는 가장 적절한 응답을 고르시오.

16

女：欢迎光临！请问几位？
男：三个人。
女：好的，这边请。
男：＿＿＿＿＿！

(a) 你好
(b) 谢谢
(c) 没关系
(d) 对不起

| 해설 | 식당 종업원이 식당을 찾은 손님에게 자리를 안내해 줄 때 나누는 대화이다. 안내하는 말 '이쪽으로 오세요(这边请)'에 가장 어울리는 말은 (b)이다.

번역

여: 어서 오세요! 몇 분이세요?
남: 세 명입니다.
여: 네, 이쪽으로 오세요.
남: ＿＿＿＿＿!

(a) 안녕하세요
(b) 감사합니다
(c) 상관없어요
(d) 죄송합니다

자구 풀이

- 欢迎光临(huānyíng guānglín) 어서 오세요

17 男：哎呀，要下雨了。

女：没事儿，我带着伞呢。

男：你带伞有什么用？我没带。

女：________________？

(a) 他们不是没来吗

(b) 他们不是没说吗

(c) 咱们不是同路吗

(d) 咱们不是同岁吗

| 해설 | 비가 올 것 같은데 우산을 안 가지고 왔다는 말에 대한 가장 적절한 응답을 고르는 문제이다. 같이 가기 때문에 같이 쓰면 된다는 내용이 있는 (c)가 정답이다.

번역

남: 아이고, 곧 비 오겠다.

여: 괜찮아. 나 우산 가지고 왔어.

남: 네가 우산 가져온 게 무슨 소용이 있니? 난 안 가지고 왔는데.

여: ________________?

(a) 그 사람들은 안 왔잖아

(b) 그 사람들은 말 안 했잖아

(c) 우리 같이 가잖아

(d) 우리 동갑이잖아

자구 풀이

- 要(yào)~了(le) 곧 ~하려고 하다
- 带(dài) 가지다
- 伞(sǎn) 우산
- 同路(tóng//lù) 같이 가다
- 同岁(tóngsuì) 동갑이다

18 女：今天的作业是什么？

男：没有写的，只读课文就行了。

女：那生词呢？要背吗？

男：＿＿＿＿＿＿＿。

(a) 我去上班

(b) 好像得背

(c) 没有作业

(d) 买本新书

| 해설 | 새 단어를 '외워야 하느냐(要背吗)'라고 묻는 것에 대한 적절한 응답을 고르는 문제이다. '~해야 하는지'에 대한 질문은 '~해야 해(得)' 또는 '~할 필요 없어(不用)' 등으로 답하는 것이 일반적이다. 정답은 (b)이다.

번역 여: 오늘 숙제가 뭐야?

남: 쓰는 건 없어. 교과서 본문만 읽으면 돼.

여: 그럼 새 단어는? 외워야 해?

남: ＿＿＿＿＿＿＿＿＿＿＿.

(a) 나 출근해

(b) 아마도 외워야 할 거야

(c) 숙제가 없어

(d) 새 책 한 권 사

자구 풀이

- 作业(zuòyè) 숙제
- 课文(kèwén) 교과서 본문
- 生词(shēngcí) 새 단어
- 背(bèi) 외우다
- 上班(shàng//bān) 출근하다

19

男：我先走一步了。

女：等等，我马上就完事儿。

男：快点儿啊。

女：______________。

(a) 好好，知道了

(b) 行行，我走了

(c) 嗯，去办事儿

(d) 好，你先来吧

| 해설 | '먼저 갈 것(先走一步)'이라는 말에 '좀 기다리라(等等)'라는 응답이 있고, 이어서 '빨리 좀(快点儿)' 일을 끝내라고 재촉하는 남자의 말에 대한 가장 적절한 응답을 고르는 문제이다. '알았다(知道了)'라고 답한 (a)가 정답이다.

번역

남: 나 먼저 갈게.

여: 잠깐만 기다려. 일 곧 끝나.

남: 빨리 좀 해.

여: ______________.

(a) 그래, 알았어

(b) 그래, 나 간다

(c) 응, 일이 있어서

(d) 좋아, 너 먼저 해

자구 풀이

- 马上(mǎshàng) 곧
- 办事儿(bàn//shìr) 일을 처리하다

20

女：你是哪儿的人啊？

男：我是上海人。你呢？

女：我是西安的。

男：__________。

(a) 对，我也来一个

(b) 不，你来韩国吧

(c) 啊，那我去上海

(d) 哦，我去过西安

| 해설 | 서로의 고향을 이야기하는 대화이다. 내용상 고향을 말했을 때 그곳에 가 봤다는 응답이 가장 자연스럽다. 정답은 (d)이다.

번역

여: 넌 어디 사람이야?

남: 난 상하이 사람이야. 너는?

여: 난 시안 사람이야.

남: __________.

(a) 맞다, 나도 하나 줘

(b) 아니야, 너 한국에 와라

(c) 아, 그럼 상하이에 갈게

(d) 오, 나 시안에 가 본 적 있어

자구 풀이

- 西安(Xī'ān) (지명) 시안
- ~过(guo) ~한 적이 있다

21 男：对不起，你的座位是这里吗？

女：啊，这是您的座位吗？我是来送人的，说两句就走。

男：好好，坐吧，没关系。

女：________________。

(a) 请拿好您的随身物品

(b) 我是好不容易找到的

(c) 请看一下您的身份证

(d) 不好意思啊，多谢啦

| 해설 | 좌석의 주인에게 잠깐 양해를 구하는 상황에서 '괜찮다(没关系)'라는 말에 대한 가장 적절한 응답을 고르는 문제이다. 양해와 감사를 표시하는 (d)가 정답이다.

번역

남: 실례합니다. 선생님 자리가 여기인가요?

여: 아, 여기가 선생님 자리인가요? 전 배웅하러 왔는데, 잠깐 말 몇 마디 하고 바로 가겠습니다.

남: 알겠습니다. 앉아 계세요. 괜찮습니다.

여: ________________.

(a) 선생님 소지품을 잘 챙기세요

(b) 제가 간신히 찾아냈습니다

(c) 선생님 신분증 좀 보여 주세요

(d) 미안합니다, 너무 고맙습니다

자구 풀이

- 座位(zuòwèi) 자리
- 说两句(shuō liǎng jù) 말 몇 마디 하다
- 拿好(ná hǎo) 잘 챙기다
- 随身物品(suíshēn wùpǐn) 소지품
- 好不容易(hǎo bù róngyì) 간신히
- 身份证(shēnfènzhèng) 신분증
- 不好意思(bù hǎoyìsi) 미안하다

22

女：请问一下，第五候车室怎么走？

男：坐电梯上二楼，在大厅的右边。

女：什么时候检票啊？

男：＿＿＿＿＿＿＿。

(a) 把机票收好

(b) 提前半小时

(c) 先换登机牌

(d) 我要去转机

| 해설 | 언제 '개찰하는지(检票)'에 대한 적절한 응답을 고르는 문제이다. '언제(什么时候)'로 질문을 하였기 때문에 시간 표현이 나타난 (b)가 적절한 응답이다. 길을 묻는 표현은 정답과 관련이 없는 부수적인 상황이다.

번역

여: 말씀 좀 여쭤보겠는데요, 5번 대합실은 어떻게 가나요?

남: 엘리베이터 타고 2층으로 올라가시면 로비 오른쪽에 있습니다.

여: 언제 개찰하나요?

남: ＿＿＿＿＿＿＿＿＿＿＿＿＿＿.

(a) 비행기 표 잘 챙겨요

(b) 30분 전에요

(c) 먼저 탑승권으로 바꾸세요

(d) 전 비행기를 갈아타러 갈 겁니다

자구 풀이

- 候车室(hòuchēshì) 대합실
- 电梯(diàntī) 엘리베이터
- 检票(jiǎn//piào) 개찰하다
- 机票(jīpiào) 비행기 표
- 提前(tíqián) (상황이나 동작을) 앞당기다
- 登机牌(dēngjīpái) 탑승권
- 转机(zhuǎn//jī) 비행기를 갈아타다

23 男：最近你看的房子都怎么样啊？

女：不是太小，就是太脏。

男：我看也别太挑了。

女：________________。

(a) 那也得差不多呀

(b) 个个都那么称心

(c) 她也太不客气了

(d) 这哪能怪她们呀

| 해설 | 집을 선택할 때 '너무 고르지 말라(别太挑)'는 충고에 대한 적절한 응답을 고르는 문제이다. '웬만하기는 해야 한다(得差不多)'라고 응답한 (a)가 가장 어울리는 답변이다. (b)는 대화의 상황과 모순되며 (c), (d)는 대화와 무관한 내용이다.

번역 남: 요즘 네가 본 집들 모두 좀 어때?

여: 너무 작은 집 아니면 너무 더러운 집이야.

남: 내가 보기엔 너무 따지는 것도 같은데.

여: ________________________.

(a) 그래도 웬만하긴 해야지

(b) 하나하나 다 그렇게 마음에 들어요

(c) 그 여자 너무 예의가 없어

(d) 이게 어떻게 그 여자들 탓이야

자구 풀이

- 房子(fángzi) 집
- 脏(zāng) 더럽다
- 挑(tiāo) 고르다
- 差不多(chàbuduō) 웬만하다
- 称心(chèn//xīn) 마음에 들다
- 怪(guài) 탓하다

24

女：今天晚饭吃什么呀？

男：我包点儿饺子吧。

女：那好啊。最近我正馋饺子呢。

男：______________________________

(a) 那你说吧，咱们今天吃什么？

(b) 那就做吧，你看今天怎么样？

(c) 那我看看，有没有什么吃的。

(d) 那你等着，我马上就给你包。

| 해설 | 저녁 식사로 만두를 빚겠다는 말에 '마침 만두가 먹고 싶다(正馋饺子)'라고 말한 상황이다. 여기에 가장 적절하게 '바로 빚어 주겠다(马上就包)'라고 응답한 (d)가 정답이다. (a), (b), (c)는 대화의 흐름에 모두 어울리지 않는다.

번역

여: 오늘 저녁 메뉴가 뭐에요?

남: 만두 좀 빚을까 해요.

여: 그거 잘 됐네요. 요즘 마침 만두가 먹고 싶거든요.

남: ______________________________

(a) 그럼 말해 봐요. 우리 오늘 뭘 먹죠?

(b) 그럼 해 봅시다. 오늘은 어때요?

(c) 그럼 뭐 먹을 게 있는지 한번 볼게요.

(d) 그럼 기다려요. 바로 빚을게요.

자구풀이

- 包饺子(bāo jiǎozi) 만두를 빚다
- 馋(chán) 먹고 싶다, 게걸스럽다

25

男：你得劝劝他。
女：他是听劝的人吗？
男：你总不能袖手旁观吧？
女：__________。

(a) 请收好
(b) 懒得说
(c) 不麻烦
(d) 别客气

| 해설 | 설득이 잘 안 되는 사람에게 반어적으로 '설득하는 사람의 말을 듣는지(听劝的人)'를 반문하고 있다. 이러한 부정적인 입장을 계속 견지하고 있는 (b)가 적절한 표현이다. (a)는 관련이 없는 응답이며 (c), (d)의 응답은 긍정적인 입장이 드러나는 표현이다.

번역

남: 그 사람 설득 좀 해야 해요.
여: 그 사람이 설득하는 사람 말을 어디 듣나요?
남: 그래도 수수방관할 수는 없잖아요?
여: ________________.

(a) 잘 챙기세요
(b) 말하기 싫어요
(c) 안 귀찮아요
(d) 별 말씀을요

자구풀이

- 袖手旁观(xiù shǒu páng guān) 수수방관하다
- 收(shōu) 받다
- 懒得(lǎnde)~ ~기 싫어하다
- 麻烦(máfan) 귀찮다

26

女：看见小王了吗？

男：你还不知道呢？他不干了。

女：怎么，这么突然？

男：＿＿＿＿＿＿＿＿＿＿＿＿＿＿。

(a) 听说是要去国外继续深造

(b) 听说明天来公司正式报到

(c) 听说有几个朋友已经去了

(d) 听说那天来找你的是小王

| 해설 | 직장 동료에게 샤오왕이 갑자기 직장을 그만둔 이유를 묻는 말에 대한 적절한 응답을 찾는 문제이다. 적절한 이유를 말하고 있는 (a)가 정답이다. (b)는 '도착보고(报到)'가 회사를 그만두는 것과 모순되는 내용이고, (c), (d)는 관련 없는 이야기로 답변하고 있다.

번역

여: 샤오왕 봤어요?

남: 아직 모르고 있었어요? 그 사람 그만뒀어요.

여: 왜요? 이렇게 갑자기?

남: ＿＿＿＿＿＿＿＿＿＿＿＿＿＿＿＿＿＿.

(a) 외국에 가서 공부를 더 할 거라고 하던데요

(b) 내일 회사에 와서 정식으로 도착보고 한다던데요

(c) 몇몇 친구들은 이미 갔다던데요

(d) 그날 선생님 찾으러 온 사람이 샤오왕이라던데요

자구 풀이

- 干(gàn) 일을 하다
- 继续(jìxù) 계속
- 深造(shēnzào) 깊이 연구하다
- 正式(zhèngshì) 정식으로
- 报到(bàodào) 도착보고하다

27

男：什么事儿？快说。

女：你能不能不玩儿手机啊？

男：说吧，我听着呢。

女：＿＿＿＿＿＿＿＿＿＿＿＿。

(a) 这时候就需要你自告奋勇

(b) 你心不在焉，我才不说呢

(c) 咱俩啊，还不是半斤八两

(d) 这种人哪，也没个主心骨

| 해설 | '핸드폰을 가지고 놀고 있는(玩儿手机)' 남자에게 하는 여자의 핀잔으로 적절한 말을 고르는 문제이다. '정신이 딴 데 가 있다(心不在焉)'고 말한 (b)가 정답이다. (a), (c), (d)는 모두 정신이 딴 데 가 있다는 의미와는 상관이 없는 표현이다.

번역

남: 무슨 일인데요? 빨리 말해 봐요.

여: 핸드폰 안 하면 안 돼요?

남: 말해요. 듣고 있어요.

여: ＿＿＿＿＿＿＿＿＿＿＿＿＿＿＿＿＿＿＿＿.

(a) 지금이 바로 당신이 발 벗고 나서는 게 필요한 때에요

(b) 정신이 딴 데 가 있으니 말 안 할래요

(c) 우리 둘 다 거기서 거기잖아요

(d) 이런 사람은 줏대도 없어요

자구 풀이

- 自告奋勇(zì gào fèn yǒng) 자진해서 나서다
- 心不在焉(xīn bú zài yān) 정신이 딴 데 가 있다
- 半斤八两(bàn jīn bā liǎng) 거기서 거기이다
- 主心骨(zhǔxīngǔ) 줏대, 자기주장

28

女：快快，饭菜都凉了。
男：好，那就不客气了。
女：嗨，你这话可说远了。
男：____________________。

(a) 也是，咱们谁跟谁啊
(b) 也是，都各走各的吧
(c) 不不，我是客随主便
(d) 不不，咱别那么讲究

| 해설 | '그럼 사양하지 않겠다(那就不客气了)'라는 말이 친한 사이에 할 말이 아니라는 분위기의 대화이다. '가까운 사람은 서로 서먹한 말을 하지 않는다(近人不说远话)'라는 표현을 떠올리게 하는 '그렇게 말하니 남 같아요(你这话可说远了)'에서 서로 잘 아는 사이임을 알 수 있기 때문에 상대방의 말에 맞장구를 치는 (a)가 정답이다. (b), (d)는 대화 내용과 상관없는 표현이고 (c)는 주인의 분부대로 하겠다는 의미로 대화와 어울리지 않는다.

번역

여: 어서요. 음식 식어요.
남: 네, 그럼 사양하지 않겠습니다.
여: 아이고, 그렇게 말하니 남 같아요.
남: ________________________________.

(a) 그것도 그렇네요. 우리가 남인가요
(b) 그것도 그렇네요. 모두 각자 갈 길 가요
(c) 아뇨, 아뇨. 전 손님인데 주인을 따라야죠
(d) 아뇨, 아뇨. 우리 너무 신경 쓰지 맙시다

자구 풀이

- 凉(liáng) 식다
- 客随主便(kè suí zhǔ biàn) 손님은 주인이 하자는 대로 따른다
- 讲究(jiǎngjiu) 신경 쓰다

29 男：哎，老李！

女：啊，是老王啊。什么风儿把你给吹来了？

男：还不是有点儿事儿想找你帮个忙。

女：______________________________。

(a) 还请你多包涵啊，不打不相识嘛

(b) 说得一点儿没错，百闻不如一见

(c) 难怪，你们是心有灵犀一点通啊

(d) 我说呢，你是无事不登三宝殿啊

| 해설 | 도움이 필요해서 찾아왔다는 말에 대한 적절한 응답을 고르는 문제이다. '무슨 바람이 불어서 온 거야(什么风儿把你给吹来了)'라는 표현을 통해서 알 수 있듯이 두 사람은 평소에 자주 만나는 사이가 아니다. '일 있을 때만 찾아온다(无事不登三宝殿)'고 비꼬는 (d)가 정답이다. (a), (b), (c)는 대화의 내용을 보았을 때 거리가 먼 표현이다.

번역 남: 야, 라오리!

여: 아, 라오왕이구나. 무슨 바람이 불어서 온 거야?

남: 너한테 도움 청할 일이 좀 있어서잖니.

여: ______________________________.

(a) 양해 좀 해 주라. 싸우면서 정든다잖니

(b) 하나도 틀리지 않은 말이야. 백문이 불여일견이잖아

(c) 어쩐지 너희들은 서로 마음이 통하는구나

(d) 그럼 그렇지. 넌 일 있을 때만 찾아오지

Set 2 청해

자구 풀이

- 吹(chuī) 불다
- 包涵(bāohan) 양해하다
- 不打不相识(bù dǎ bù xiāng shí) 싸우지 않으면 서로 이해하지 못하다 (싸우면서 정들다)
- 百闻不如一见(bǎi wén bù rú yí jiàn) 백 번 듣는 것보다 한 번 보는 것이 낫다 (여러 번 듣는 것보다 직접 한 번 보는 것이 낫다)
- 难怪(nánguài) 어쩐지
- 心有灵犀一点通(xīn yǒu líng xī yì diǎn tōng) 마음에 코뿔소의 뿔이 있는 것처럼 한 번 찍으면 서로 통한다 (서로 마음이 통하다)
- 无事不登三宝殿(wú shì bù dēng sān bǎo diàn) 일이 없으면 불당에 오르지 않는다 (일이 있을 때만 찾다)

30 女：你这风风火火的，又是去哪儿啊？

男：领导找我。

女：慢着点儿，反正不会是什么火烧眉毛的事儿。

男：__________________。

(a) 早成了陈年往事

(b) 还是你火眼金睛

(c) 我让你再乱弹琴

(d) 亏你还是个老江湖

| 해설 | 상급자가 찾아 급히 가고 있는 남자에게 그 상급자를 잘 아는 여자가 급박한 일이 '아닐 것이다(不会是)'라고 짐작해 주는 말에 대한 가장 적절한 응답을 고르는 문제이다. 여자의 안목을 믿는 의미인 (b)가 정답이다.

번역 여: 너 이렇게 허둥지둥하면서 또 어디 가니?

남: 위에서 날 찾아.

여: 천천히 가. 어차피 급한 일은 아닐 거야.

남: ____________________________.

(a) 벌써 해묵은 일이 되었어

(b) 역시 넌 예리하다니까

(c) 너 멋대로 한번 해 봐

(d) 너 같은 능구렁이도 별 것 없네

SET2 청해

자구 풀이

- 风风火火(fēng fēng huǒ huǒ) 허둥지둥하다
- 领导(lǐngdǎo) 상급자
- ~着点儿(zhediǎnr) 좀 ~하다
- 反正(fǎnzhèng) 어쨌든
- 火烧眉毛(huǒ shāo méimao) 아주 급하다 (눈썹을 태우다)
- 陈年往事(chénnián wǎngshì) 해묵은 일
- 火眼金睛(huǒ yǎn jīn jīng) (안목이) 예리하다
- 乱弹琴(luàntánqín) 멋대로 하다
- 亏你还是(kuī nǐ háishì)~ 너는 ~라면서
- 老江湖(lǎojiānghú) 세상 물정에 밝은 능구렁이 같은 사람

Part III

| 문제 31~40 | 다음 대화를 잘 듣고 제시하는 질문에 대한 가장 적절한 응답을 고르시오.

31 男：对不起，我来晚了。等急了吧？

女：没关系。我也是刚到。

男：公司临时有点儿事儿，又碰上堵车。

女：上下班时间经常堵车。

男：我要是坐地铁来就好了。

女：地铁快是快，但现在人肯定特别多。

问：根据这段对话可知，男的是怎么来的？

(a) 骑车

(b) 走路

(c) 坐车

(d) 坐地铁

| 해설 | 약속을 한 상황에서 남자가 늦은 이유를 설명하고 있다. 남자의 말에 있는 '길이 막히고(堵车)', '지하철을 타고 왔으면 좋았을 것(要是坐地铁就好了)' 등의 표현에서 자동차를 타고 왔음을 알 수 있다. (c)가 정답이고 (a), (b), (d)는 모두 대화의 내용과 모순된다.

번역 남: 죄송합니다. 제가 늦었습니다. 많이 기다리셨죠?

여: 아니에요. 저도 막 도착했어요.

남: 회사에 잠깐 일이 좀 있었는데 하필 차도 막혔어요.

여: 출퇴근 시간에는 자주 차가 막히죠.

남: 지하철을 타고 왔으면 좋았을 것 같아요.

여: 지하철이 빠르긴 하지만 지금은 틀림없이 사람이 엄청 많을 거에요.

[질문] 이 대화에 따르면 남자는 어떻게 왔습니까?

(a) 자전거를 타고
(b) 걸어서
(c) 자동차를 타고
(d) 지하철을 타고

자구 풀이

- 急(jí) 초조해하다
- 临时(línshí) 잠깐
- 碰(pèng) (우연히) 마주치다
- 堵车(dǔ//chē) 차가 막히다
- 要是(yàoshì)~就好了(jiù hǎo le) ~이었으면 좋았겠다
- 肯定(kěndìng) 틀림없이

32 女：你去过中国吗？
男：去过一次。
女：都去了什么地方啊？
男：上海和杭州。你呢？
女：我还一次也没去过呢。
男：以后有机会去看看吧。不错！

问：他们在谈什么？

(a) 去没去过中国
(b) 学没学过汉语
(c) 吃没吃过中国菜
(d) 听没听过中国歌儿

| 해설 | 중국에 가 보았는지를 물어보는 말로 대화가 시작되어 여자가 중국에 가 본 적이 없다고 하자 남자가 중국 여행을 추천하는 것으로 대화가 마무리되었다. 이들은 '중국에 가 보았는지(去没去过中国)'를 중심으로 대화를 나누었으므로 정답은 (a)이다. (b), (c), (d)는 모두 중국과 관련된 내용이지만 '가 보았는지'로 답하지 않고 다른 내용으로 답하고 있으므로 오답이다.

번역 여: 너 중국 가 본 적 있니?
남: 한 번 가 봤어.
여: 모두 어디어디 가 봤는데?
남: 상하이하고 항저우. 너는?
여: 난 아직 한 번도 못 가 봤어.
남: 나중에 기회 되면 가 봐. 좋더라!

[질문] 이 사람들은 무슨 이야기를 하고 있습니까?

(a) 중국에 가 본 적이 있는지

(b) 중국어를 공부한 적이 있는지

(c) 중국요리를 먹어 본 적이 있는지

(d) 중국 노래를 들어본 적이 있는지

자구 풀이

- 杭州(Hángzhōu) 항저우
- 机会(jīhuì) 기회
- 谈(tán) 이야기하다

33

男：您好，首尔家教中心。您需要什么服务？

女：我想问一下，你们这儿有没有教钢琴的？

男：有啊，教大人还是孩子？

女：孩子。一节课多少钱？

男：两百。

女：那您给我介绍一位。

问：女的要做什么？

(a) 提供教室

(b) 学弹钢琴

(c) 请个家教

(d) 介绍孩子

| 해설 | 여자가 가정교사를 소개해 주는 곳에 전화를 걸어 피아노 교사를 요청하고 있는 상황이다. 대상, 시급 등 구체적 조건에 대한 대화가 이어진 후 여자가 '한 분을 소개해(介绍一位)' 달라고 요청하고 있으므로 여자가 하려고 하는 것은 '가정교사를 요청하는 것(请个家教)'이다. (a)와 (d)는 대화와 관련이 없는 내용이고 (b)는 본인이 교육 대상이 되므로 정답은 (c)이다.

번역

남: 안녕하세요. 서울 가정교사 센터입니다. 어떤 서비스가 필요하십니까?

여: 말씀 좀 여쭤보겠는데요, 센터에 피아노 선생님이 있나요?

남: 있습니다. 어른이 배우나요 아이가 배우나요?

여: 아이입니다. 한 시간에 얼마인가요?

남: 200위안입니다.

여: 그럼 한 분 소개시켜 주세요.

[질문] 여자는 무엇을 하려고 합니까?

(a) 교실을 제공하기
(b) 피아노를 배우기
(c) 가정교사를 요청하기
(d) 아이를 소개하기

자구 풀이

- 家教(jiājiào) 가정 교사
- 需要(xūyào) 원하다
- 教(jiāo) 가르치다
- 钢琴(gāngqín) 피아노
- 节(jié) (수업 등의) 시간
- 提供(tígōng) 제공하다
- 弹(tán) (피아노 등을) 연주하다

34

女：哎，小李！去哪儿啊？
男：啊，去书店。
女：想买书啊？
男：对，想买本汉语口语教材。你呢？
女：我去吃午饭。
男：回头见啊。

问：他们在做什么？

(a) 买书
(b) 吃饭
(c) 看电影
(d) 打招呼

| 해설 | 길에서 만나 서로의 안부를 묻는 상황이다. '어디 가(去哪儿)?', '서점에 가(去书店)', '점심 먹으러 가(去吃午饭)' 등의 인사성 대화가 이루어지는 상황이므로 사람들이 무엇을 하고 있는가라는 질문에 대한 적절한 응답은 (d)이다. (a), (b)는 각각 앞으로 할 내용이므로 오답이고 (c)는 대화에 나타나지 않았다.

번역

여: 야, 샤오리! 어디 가?
남: 응, 서점 가.
여: 책 사려고?
남: 응, 중국어 회화 교재 사려고. 너는?
여: 난 점심 먹으러 가.
남: 이따가 보자.

Set 2 청해

[질문] 이 사람들은 무엇을 하고 있습니까?

(a) 책을 사고 있다

(b) 식사를 하고 있다

(c) 영화를 보고 있다

(d) 인사를 나누고 있다

자구 풀이

- 教材(jiàocái) 교재
- 回头见(huítóu jiàn) 이따가 봐
- 打招呼(dǎ zhāohu) 인사를 나누다

35 男：你每天怎么来公司啊？

女：一般是开车来。你呢？

男：我家离公司近，我是每天走着来上班。

女：那好啊，还可以锻炼身体。

男：是不错。

女：真羡慕你。

问：他们在谈什么？

(a) 怎么来上班

(b) 哪个公司好

(c) 怎么锻炼身体

(d) 哪儿的人最多

| 해설 | 대화의 처음에 있는 '어떻게 회사에 오는지(怎么来公司)'가 중요한 부분이다. 이와 함께 '차로 온다(开车来)', '걸어서 출근하다(走着上班)' 등의 표현으로 대화의 주제가 (a)임을 알 수 있다. (b), (c)에는 각각 대화에서 사용되었던 '회사(公司)', '운동하다(锻炼身体)' 등의 표현이 있지만 대화의 주제는 아니고 (d)는 대화와 관련이 없는 내용이다.

번역

남: 너 매일 회사에 어떻게 와?

여: 보통은 운전해서 오는데. 너는?

남: 난 집에서 회사가 가까워서 매일 걸어서 출근하지.

여: 그것 좋겠네. 운동도 되고.

남: 괜찮지.

여: 정말 부럽다.

[질문] 이 사람들은 무슨 이야기를 하고 있습니까?

(a) 어떻게 출근하는지
(b) 어느 회사가 좋은지
(c) 어떻게 운동하는지
(d) 어디의 사람이 가장 많은지

자구 풀이

- 公司(gōngsī) 회사
- 一般(yìbān) 보통
- 开车(kāi//chē) 운전하다
- 离(lí)~ ~에서
- ~着(zhe) ~하면서
- 锻炼(duànliàn) 단련하다
- 羡慕(xiànmù) 부럽다

36

女：天儿越来越暖和了。

男：是啊，春天快到了。

女：每到春天我就想去哪儿走走。

男：想去哪儿，说吧。

女：哪儿都行啊，只要不是这儿。

男：那好，我现在就去查查去哪儿好。

问：女的最近想做什么？

(a) 打算买房子

(b) 打算去留学

(c) 出去散散心

(d) 出去找工作

| 해설 | 여자가 말한 봄이 오면 '어디든 가고 싶다(想去哪儿走走)'는 말에서 정답을 알아낼 수 있다. 여자가 최근에 무엇을 하고 싶은 지가 질문이므로 가장 적절한 응답은 (c)이다. (a), (b), (d)는 대화와 무관하다.

번역

여: 날씨가 점점 따뜻해져.

남: 응, 봄이 곧 오겠네.

여: 봄이 올 때마다 난 어디 좀 가고 싶어.

남: 어디에 갈 생각인지 말해 봐.

여: 어디든지 다 좋아. 여기만 아니면 돼.

남: 그래, 알았어. 내가 지금 바로 가서 어디 가면 좋을지 조사해 볼게.

[질문] 여자는 요즘 무엇을 하고 싶습니까?

(a) 집을 살 계획이다
(b) 유학을 갈 계획이다
(c) 기분 전환 하러 나간다
(d) 일을 찾으러 나간다

자구 풀이

- 越来越(yuè lái yuè)~ 점점 ~
- 暖和(nuǎnhuo) 따뜻하다
- 只要(zhǐyào)~ ~하기만 하면
- 查(chá) 조사하다
- 留学(liú//xué) 유학하다
- 散心(sàn//xīn) 기분 전환을 하다

37 男：这份订单是谁下的？

女：啊，经理！是我下的。

男：怎么没注明支付方式啊？

女：不会吧。我明明打进去了。

男：再看一下吧，免得到时候出岔儿。

女：噢，我这就去再查查。

问：女的接着要去做什么？

(a) 去查询账号

(b) 去银行付款

(c) 去确认订单

(d) 去市场看货

| 해설 | 대화는 지불방식을 명시하지 않고 여자가 넣은 주문서에 대해 남자가 잘못되었으니 '다시 확인하라(再看一下)'고 지시하는 내용이다. 여자가 '이어서(接着)' 무슨 일을 해야 하는지가 질문이므로 가장 적절한 응답은 '주문서를 확인하러 갈 것이다(去确认订单)'가 언급된 (c)이다. (a), (b), (d)는 모두 회사에서 자주 일어날 수 있는 상황과 관련된 표현이지만 대화에는 언급되지 않았다.

번역

남: 이 주문서는 누가 넣은 겁니까?

여: 아, 부장님! 제가 넣었습니다.

남: 왜 지불방식을 명시하지 않았나요?

여: 그럴 리가요. 제가 분명히 넣었는데요.

남: 다시 좀 보세요. 나중에 문제가 생기지 않도록요.

여: 아 네, 제가 바로 다시 한번 보겠습니다.

[질문] 여자는 이어서 무슨 일을 할 것입니까?

(a) 계좌 번호를 조회하러 갈 것이다
(b) 은행에 가서 돈을 지불할 것이다
(c) 주문서를 확인하러 갈 것이다
(d) 시장에 가서 물건을 볼 것이다

자구 풀이

- 订单(dìngdān) 주문서
- 经理(jīnglǐ) 부서장, 사장
- 注明(zhùmíng) 명시하다
- 支付(zhīfù) 지불하다
- 方式(fāngshì) 방식
- 免得(miǎnde)~ ~하지 않도록
- 出岔儿(chūchàr) 문제가 생기다
- 接着(jiēzhe) 이어서
- 查询(cháxún) 조회하다
- 账号(zhànghào) 계좌 번호
- 确认(quèrèn) 확인하다

38

女：请问，有下午3点去北京的硬座儿吗？

男：对不起，卖完了。

女：那软座儿呢？

男：也没了。那个点儿现在只剩软卧了。

女：好吧，那我来四张。

男：一共1710块。

问：女的在做什么？

(a) 查询时间

(b) 查找车票

(c) 买飞机票

(d) 买火车票

| 해설 | '일반석(硬座)', '일등석(软座)', '일등 침대석(软卧)' 등 중국 기차의 좌석 종류를 나타내는 단어들이 사용되어 기차표를 예매하는 상황임을 알 수 있다. 따라서 여자가 무엇을 하고 있는지에 대한 적절한 응답은 (d)이다. 시간은 변동이 없으므로 (a)는 정답이 아니고, (b), (c)는 다른 상황과 관련된 것이므로 정답이 아니다.

번역

여: 말씀 좀 여쭤보겠는데요, 오후 세 시에 베이징 가는 일반석 있나요?

남: 죄송합니다. 매진됐습니다.

여: 그럼 일등석은요?

남: 그것도 없습니다. 그 시간에는 지금 일등 침대석만 남아 있습니다.

여: 알겠어요. 그럼 네 장 주세요.

남: 모두 1,710위안입니다.

[질문] 여자는 무엇을 하고 있습니까?

(a) 시간을 물어보고 있다
(b) 차표를 알아보고 있다
(c) 비행기 표를 사고 있다
(d) 기차표를 사고 있다

자구 풀이

- 硬座儿(yìngzuòr) 일반석 (딱딱한 의자석)
- 软座儿(ruǎnzuòr) 일등석 (부드러운 의자석)
- 剩(shèng) 남다
- 软卧(ruǎnwò) 일등 침대석 (부드러운 침대석)

39

男：你来得巧啊，你不是想看我瞎跳、瞎扭吗？

女：啊？这曲子，你还会跳三步、四步？

男：那还用说。

女：哎，那你教教我吧，好不好？

男：行，其实很容易，你这么聪明，肯定一学就会。

女：别夸我啊，没准儿会让你失望呢。

问：他们在谈什么？

(a) 跳舞

(b) 唱歌儿

(c) 练瑜伽

(d) 学太极拳

| 해설 | 대화에는 '(춤을) 추다(跳)', '(몸을) 흔들다(扭)', '왈츠 춤(三步)', '블루스 춤(四步)' 등 춤과 관련된 어휘가 많이 나타나 있어 문제를 풀기 위해서는 해당 어휘를 이해하는 것이 중요하다. '춤을 추다(跳舞)'라는 직접적인 단어가 나오지 않는 상태에서 전체 내용을 파악할 수 있어야 한다. 정답은 (a) 춤 추기이다.

번역

남: 너 마침 잘 왔다. 너 내가 하는 막춤, 막 흔들기 보고 싶다고 했잖아?

여: 어? 이 멜로디네. 너 왈츠 춤, 블루스 춤도 할 줄 알아?

남: 당연하지.

여: 아. 그럼 너 날 좀 가르쳐 줄래?

남: 좋아. 사실 쉬워. 넌 아주 똑똑하니까 배우기만 하면 틀림없이 금방 할 수 있을 거야.

여: 나 띄우지 마. 너 실망할지도 몰라.

[질문] 이 사람들은 무엇에 대해서 이야기하고 있습니까?

(a) 춤추기
(b) 노래 부르기
(c) 요가 하기
(d) 태극권 배우기

자구 풀이

- 巧(qiǎo) 꼭 맞다
- 瞎(xiā) 아무렇게나
- 跳(tiào) (춤을) 추다
- 扭(niǔ) (몸을) 흔들다
- 曲子(qǔzi) 멜로디
- 三步(sānbù) 왈츠 춤 (사교춤의 일종)
- 四步(sìbù) 블루스 춤 (사교춤의 일종)
- 一(yī)~ 就(jiù)··· 한번 ~하기만 하면 …하다
- 夸(kuā) 칭찬하다
- 没准儿(méi zhǔnr) 아마도
- 失望(shīwàng) 실망하다
- 跳舞(tiào//wǔ) 춤추다
- 练瑜伽(liàn yújiā) 요가를 하다
- 太极拳(tàijíquán) 태극권

40 女：哎，小王，我想找你问点儿事儿。

男：什么事儿啊？

女：你和小张不是同事吗？

男：是啊，怎么了？

女：他人怎么样？我是想给他介绍个姑娘。

男：好事儿啊，他人那是没的说。

问：听了这段对话可知，女的要做什么？

(a) 下海

(b) 结婚

(c) 当月老

(d) 跳槽儿

| 해설 | 여자가 샤오왕의 직장 동료인 샤오장에게 '여자친구를 소개하려고(介绍个姑娘)' 샤오장의 사람됨을 묻고 있는 상황이다. 샤오왕은 샤오장이 '두말할 것도 없이 좋은(没的说)' 사람이라고 알려 준 상황이므로 여자가 무엇을 할 것인가를 묻는 질문의 답은 (c)이다. (a), (d)는 직장과 관련된 단어이지만 대화와 상관이 없고 (b)는 여자가 결혼을 하는 상황이 아니기 때문에 정답이 아니다.

번역 여: 야, 샤오왕, 좀 물어볼 일이 있어서 널 찾았어.

남: 무슨 일인데?

여: 너하고 샤오장은 직장 동료잖아?

남: 그렇지. 왜 그러는데?

여: 샤오장 사람 좀 어때? 내가 샤오장한테 여자 친구를 좀 소개해 주려고.

남: 좋지! 그 친구, 사람은 두말할 것도 없어.

[질문] 이 대화에 따르면 여자는 무엇을 할 것입니까?

(a) 사업
(b) 결혼
(c) 중매
(d) 이직

자구 풀이

- 姑娘(gūniang) 아가씨
- 没的说(méideshuō) 두말할 필요가 없다
- 下海(xià//hǎi) (철밥통을 버리고) 사업에 뛰어들다
- 月老(yuèlǎo) 중매인
- 跳槽儿(tiàocáor) 직장을 바꾸다

Part IV

| 문제 41~50 | 다음 글을 듣고 제시하는 질문에 대한 가장 적절한 답을 고르시오.

41 周末，小王他们一家人商量打算一起做点儿什么。小王先说去爬山，可他爱人说不如去逛街，他儿子更是说哪儿也不想去，就想在家玩儿游戏。最后他们谁也说服不了谁，只好决定在家看电视。

问：听了这段话可知，这个周末，小王他们家打算怎么过？

(a) 去爬山
(b) 呆在家里
(c) 周末去逛街
(d) 出去玩儿游戏

| 해설 | 샤오왕 가족의 주말 계획에 관한 지문이다. 지문을 듣고 샤오왕 가족이 주말에 무엇을 할 것인지를 묻는 질문에 답하는 문제인데, 지문의 마지막 부분에 나오는 '집에서 텔레비전을 보는 것으로 결정할 수밖에 없었다(只好决定在家看电视)'가 중요한 단서가 된다. 정답은 (b)이고 (a), (c), (d)는 주말 계획으로 각각 제안된 내용과 관련이 있지만 정답이 아니다.

번역 주말에 샤오왕 가족은 상의해서 무엇을 좀 같이하기로 했다. 샤오왕이 먼저 등산을 가자고 했는데 샤오왕 아내는 거리 구경이 더 좋다고 했고, 더군다나 샤오왕 아들은 아무 데도 가고 싶지 않고 집에서 게임을 하고 싶다고 했다. 결과적으로 샤오왕 가족은 누구도 서로를 설득하지 못하고 집에서 텔레비전을 보는 것으로 결정할 수밖에 없었다.

[질문] 이 내용에 따르면 샤오왕 가족은 이번 주말을 어떻게 보낼 계획입니까?

(a) 등산을 간다
(b) 그냥 집에 있는다
(c) 주말에 거리 구경을 간다
(d) 게임을 하러 나간다

자구 풀이

- 周末(zhōumò) 주말
- 商量(shāngliang) 의논하다
- 爬山(páshān) 등산하다
- 不如(bùrú)~ ~이 더 낫다
- 逛街(guàng//jiē) 거리 구경하다
- 游戏(yóuxì) 게임
- 说服(shuōfú) 설득하다
- 只好(zhǐhǎo)~ ~할 수밖에 없다
- 决定(juédìng) 결정하다
- 呆(dāi) 머물다

42 北京是历史文化名城，它已有三千多年的历史。从八百多年前的金朝到后来的元、明、清，都在北京建都。北京的名胜古迹闻名全世界。

问：这段话主要介绍了什么？

(a) 一座城市
(b) 一个国家
(c) 一段历史
(d) 一种文化

| 해설 | 지문은 베이징이라는 '유명한 도시(名城)'를 소개하는 내용이다. '도시(城市)'라는 말은 직접적으로 나오지 않았지만 '베이징(北京)'이라는 키워드가 여러 번 반복적으로 나오므로 무엇을 소개하고 있느냐는 질문에 대한 답은 (a)이다. (b), (c), (d)는 직접적인 소개의 대상이 아니다.

번역 베이징은 역사, 문화로 이름난 도시이고 이미 3,000여 년의 역사가 있다. 800여 년 전 금나라부터 그 후의 원, 명, 청나라에 이르기까지 모두 베이징에 수도를 두었다. 베이징의 명승고적은 전 세계적으로 유명하다.

[질문] 이 내용은 무엇을 소개하고 있습니까?

(a) 도시
(b) 국가
(c) 역사
(d) 문화

자구 풀이

- 历史(lìshǐ) 역사
- 文化(wénhuà) 문화
- 金朝(Jīn cháo) 금나라
- 后来(hòulái) 그 후
- 元(Yuán) 원나라
- 明(Míng) 명나라
- 清(Qīng) 청나라
- 名胜古迹(míngshèng gǔjì) 명승고적
- 闻名(wénmíng) 유명하다

43 为了让更多的人参加纪念世界反法西斯战争胜利70周年活动，政府决定9月3日休息一天。为了方便安排生产生活，9月4日周五调休，9月6日周日上班。

问：这段话主要介绍了什么内容？

(a) 学习计划
(b) 政府职能
(c) 旅游景点
(d) 放假安排

| 해설 | 지문은 정부가 '휴일을 조정하는(调休)' 내용이 중심인 글이다. '하루 쉬다(休息一天)', '금요일을 휴일로 바꾸다(周五调休)', '일요일에 출근하다(周日上班)' 등의 표현에서 휴일 조정과 관련된 내용임을 알 수 있다. 무엇을 소개하고 있느냐는 질문에 대한 답은 (d)이다. (a), (b), (c)는 정답과 관계가 없다.

번역 세계 반파시스트 전쟁 승리 70주년 행사에 더 많은 사람들이 참가하여 기념할 수 있도록 정부는 9월 3일을 휴일로 정하였다. 생산 활동 일정 조정의 편의를 위해서 9월 4일 금요일을 휴일로 바꾸고 9월 6일 일요일에 출근하도록 할 예정이다.

[질문] 이 내용은 주로 어떤 것을 소개하고 있습니까?

(a) 학습 계획
(b) 정부 기능
(c) 여행 명소
(d) 휴일 조정

Set 2 청해

자구 풀이

- 为了(wèile)~ ~를 위해서
- 纪念(jìniàn) 기념하다
- 反法西斯战争(fǎn fǎxīsī zhànzhēng) 반파시스트 전쟁
- 胜利(shènglì) 승리
- 活动(huódòng) 행사
- 政府(zhèngfǔ) 정부
- 方便(fāngbiàn) 편의를 봐 주다
- 安排(ānpái) (일정 등을) 조정하다
- 调休(tiáoxiū) 휴일을 조정하다
- 职能(zhínéng) 기능
- 景点(jǐngdiǎn) 명소

44 最近的孩子们特别忙，忙学校的作业，忙补习班的作业，这放学回家比在学校还忙，真是不像从前了。从前我们是一放学就三五成群地去运动场踢足球、打篮球、打乒乓球。现在呢，不行了，大家都没时间，凑不到一起了。

问：这段话主要说了最近孩子们的哪一方面？

(a) 学习成绩
(b) 业余生活
(c) 校友关系
(d) 身心健康

| 해설 | 지문은 요즘 학생들이 예전과 다르게 아주 바쁘다는 것을 설명하고 있는 글이다. 학교나 학원 숙제로 바빠서 운동할 시간이 없기 때문에 예전 학생들처럼 축구, 농구 등을 할 수 없다는 내용이므로 요즘 아이들의 어떤 면을 말하고 있느냐는 질문에는 (b)의 '여가 생활(业余生活)'이 적절한 답이다. (a), (c)는 직접적으로 언급한 내용이 아니며 (d)는 지문에서 다루지 않은 내용이다.

번역 요즘 아이들은 아주 바쁘다. 학교 숙제로 바쁘고 학원 숙제로 바빠서 방과 후 시간이 학교에 있는 시간보다 더 바쁘다. 정말 예전 같지 않다. 예전에 우리들은 학교를 마치자마자 삼삼오오 모여서 운동장에서 축구를 하고, 농구를 하고, 탁구를 했는데 요즘은 그렇게 안 된다. 다들 시간이 없어서 함께 모일 수가 없다.

[질문] 이 내용은 주로 요즘 아이들의 어떤 면을 말하고 있습니까?

(a) 학교 성적
(b) 여가 생활
(c) 친구 관계
(d) 심신 건강

자구 풀이

- 补习班(bǔxíbān) 학원
- 伙伴(huǒbàn) 친구
- 成群(chéngqún) 무리를 이루다
- 凑(còu) 모이다
- 成绩(chéngjì) 성적
- 业余生活(yèyú shēnghuó) 여가 생활
- 校友关系(xiàoyǒu guānxi) 교우 관계
- 身心健康(shēnxīn jiànkāng) 심신 건강

45 现今实行的9月10号教师节“诞生”于1985年。但有部分学界人士呼吁教师节改期，他们认为9月10日与中国文化历史没有任何渊源，而且在新学年开始时准备庆祝教师节会影响正常的教学，同时，在9月10日这个非年头年尾的时候总结教学工作、表彰先进教师不合时宜。

问：这段话主要谈了有关“教师节”的什么？

(a) 需改期的原因
(b) 其悠久的历史
(c) 如何表彰先进
(d) 怎样总结工作

| 해설 | 지문은 현행 스승의 날이 날짜 자체에 여러 가지 문제를 가지고 있다는 점을 나열하고 있는 글이다. 지문의 마지막에는 '스승의 날을 다른 날로 바꾸자고 호소하고(呼吁教师节改期)' 있는 사실이 기술되어 있으므로 스승의 날과 관련된 어떤 것을 이야기하고 있느냐는 문제에 대한 답은 (a)이다. (b), (c), (d)는 지문에 언급되어 있지만 주제는 아니다.

번역 현재 실행 중인 9월 10일 스승의 날은 1985년에 "태어났다." 그러나 일부 학계 인사들은 스승의 날을 다른 날로 바꾸자고 호소하고 있다. 그들의 주장은 9월 10일이 중국 문화사와 어떠한 연원도 없고, 새로운 학년이 시작될 때 스승의 날 경축 행사 준비가 정상적인 학교 수업에 영향을 끼칠 수 있고, 또 9월 10일이라는 연말연시가 아닌 시기에 교육 업무를 결산하고 우수 교사를 표창하는 것이 시의적절하지 않다는 것이다.

[질문] 이 내용은 주로 "스승의 날"과 관련된 어떤 것을 이야기하고 있습니까?

(a) 날짜를 바꿔야 하는 이유
(b) 스승의 날의 유구한 역사
(c) 우수 교사를 표창하는 방법
(d) 업무를 결산하는 방법

자구 풀이

- 实行(shíxíng) 실행하다
- 诞生(dànshēng) 탄생하다, 태어나다
- 任何(rènhé) 어떠한
- 渊源(yuānyuán) 연원
- 庆祝(qìngzhù) 경축하다
- 影响(yǐngxiǎng) 영향을 끼치다
- 教学(jiàoxué) 교육
- 年头年尾(niántóu niánwěi) 연말연시
- 总结(zǒngjié) 결산하다
- 表彰(biǎozhāng) 표창하다
- 先进教师(xiānjìn jiàoshī) 우수 교사
- 不合时宜(bù hé shí yí) 시의적절하지 않다
- 呼吁(hūyù) 호소하다
- 改期(gǎiqī) 날짜를 바꾸다

46 在中国，人们用“吃大锅饭”来比喻分配方面存在的平均主义现象。即不论工作好坏、贡献大小，人们所得到的待遇、报酬都一样。这种社会分配方式导致多劳者不能多得，少劳者却能不劳而得。改革开放以后，中国虽实行了很多办法去解决这一矛盾，但效果都不太理想。

问：这段话主要告诉我们什么？

(a) 团体供餐的赢利模式
(b) 改革开放的奋斗历程
(c) 平均主义的负面影响
(d) 自相矛盾的思维方式

| 해설 | 지문은 '평균주의(平均主义)'에서 비롯되는 중국의 사회 문제를 다룬 내용이다. 지문에서는 '똑같이 먹기(吃大锅饭)'로 비유되는 평균주의의 문제점으로 '적게 일하는 사람이 오히려 일하지 않고서도 얻는(少老者却能不劳而得)' 결과를 '초래한다(导致)'고 하였으므로 정답은 (c)이다. (a), (b), (d)는 지문의 내용과 거리가 있다.

번역 중국에서는 사람들이 "똑같이 먹기"라는 표현으로 분배의 평균주의 현상을 비유한다. 즉 일을 잘하거나 못하거나, 실적이 많거나 적거나 상관없이 사람들은 모두 같은 대우와 보수를 받는다. 이러한 사회적 분배 방식은 많이 일하는 사람이 많이 얻을 수 없고, 적게 일하는 사람이 오히려 일하지 않고서도 얻는 결과를 초래한다. 개혁개방 이후에 중국은 여러 방법으로 이 모순 현상을 해결하려고 했지만 효과는 모두 기대에 미치지 못했다.

[질문] 이 내용은 우리에게 주로 무엇을 말하고 있습니까?

(a) 단체급식의 이익 창출 방식
(b) 개혁개방의 노력 과정
(c) 평균주의의 부정적인 영향
(d) 자가당착적 사유 방식

자구 풀이

- 大锅饭(dàguōfàn) 똑같이 먹기
- 比喻(bǐyù) 비유하다
- 存在(cúnzài) 존재하다
- 平均主义(píngjūn zhǔyì) 평균주의
- 现象(xiànxiàng) 현상
- 即(jí) 즉
- 不论(búlùn)~ ~이든 간에
- 贡献(gòngxiàn) 기여하다
- 待遇(dàiyù) (급료 · 보수 등의) 대우
- 报酬(bàochóu) 보수
- 导致(dǎozhì) (어떤 사태를) 야기하다
- 多劳者多得(duō láo zhě duō dé) 많이 일한 사람이 많이 얻는다
- 却(què) 오히려
- 改革开放(gǎigé kāifàng) 개혁 개방
- 解决(jiějué) 해결하다
- 矛盾(máodùn) 갈등
- 效果(xiàoguǒ) 효과
- 理想(lǐxiǎng) 이상, 이상적이다
- 团体(tuántǐ) 단체, 집단
- 赢利模式(yínglì móshì) 이익 창출 방식
- 奋斗(fèndòu) 분투하다
- 历程(lìchéng) 역정
- 负面(fùmiàn) 부정적인 면
- 自相矛盾(zìxiāng máodùn) 앞뒤가 서로 맞지 않고 모순되다
- 思维方式(sīwéi fāngshì) 사유 방식

47 甲骨文，被认为是中国汉字的书体之一，从构字方法来看，它与现在使用的汉字基本一致。绝大部分甲骨文发现于殷墟，即曾经是殷商后期中央王朝都城所在地。甲骨文记录和反映了商朝的政治和经济情况，内容一般是占卜王室所问之事或者是所得的结果。

问：根据这段话，下面哪一项正确？

(a) 殷墟指的是殷商时期的废墟
(b) 甲骨文的构字方法异于汉字
(c) 甲骨文里记录着有关占卜的内容
(d) 殷墟的甲骨文反映了百姓的生活

| 해설 | 갑골문과 관련된 지문의 세부 내용 중 선택지와 일치하는 내용을 찾는 문제이다. 은허는 '상나라 후기 때 왕조의 수도가 있던 곳(商后期都城所在地)'이고 '갑골문은 현재 사용되는 한자와 기본적으로 일치(它与现在使用的汉字基本一致)'하기 때문에 (a)와 (b)는 정답이 아니며, 갑골문은 '왕실이 묻는 일을 점치는 것(占卜王室所问之事)'과 관련이 있기 때문에 (d) 역시 정답이 아니다. 정답은 '갑골문에는 점치는 것과 관련된 내용이 기록되어 있다(甲骨文里记录着有关占卜的内容)'고 한 (c)이다.

번역 중국 한자 서체의 하나로 알려져 있는 갑골문은 글자를 구성하는 방법으로 보면 현재 사용되는 한자와 기본적으로 일치한다. 갑골문은 거의 대부분 은허에서 발견되었다. 은허는 일찍이 상나라 후기 때 왕조의 수도가 있던 곳이다. 갑골문은 상나라의 정치와 경제의 상황을 기록하고 반영하였는데, 그 내용은 일반적으로 왕실이 묻는 일을 점치는 것 또는 점을 쳐 얻은 결과이었다.

[질문] 이 내용에 근거하였을 때 다음 중 정확한 것은 무엇입니까?

(a) 은허가 가리키는 것은 상나라 시기의 폐허이다
(b) 갑골문의 글자 구성 방식은 한자와 다르다
(c) 갑골문에는 점치는 것과 관련된 내용이 기록되어 있다
(d) 은허의 갑골문은 백성의 생활을 반영하고 있다

자구 풀이

- 甲骨文(jiǎgǔwén) 갑골문
- 被(bèi) (피동문에서 동작의 주체 앞에 쓰여 주어가 동작의 대상이 되게 하는 전치사)
- 书体(shūtǐ) 서체
- 绝大部分(jué dàbùfen) 대부분
- 于(yú)~ ~에서
- 殷墟(Yīnxū) 은허
- 占卜(zhānbǔ) 점치다
- 指(zhǐ) 가리키다
- 废墟(fèixū) 폐허
- 异于(yì yú)~ ~과 다르다
- 反映(fǎnyìng) 반영하다
- 百姓(bǎixìng) 백성

48 沿海地区森林火灾频发，近日智利沿海又燃起一场森林大火，致使1人死亡，至少10人受伤，并危及邻近的两座历史悠久的港口城市。当局已宣布这两座城市进入紧急状态，下令疏散居民。

问：听了这段话可知，下面哪一项是对的？

(a) 铺天大火，森林尽毁
(b) 火借风势，风借火势
(c) 森林失火，殃及古城
(d) 古城翻新，民生红火

| 해설 | 연해 지역 삼림 화재에 대한 설명 중 맞는 것을 고르는 문제이다. 지문에 '큰 삼림 화재가 일어났다(燃起一场森林大火)'는 설명은 있지만 '삼림이 모두 훼손되었다(森林尽毁)'는 말은 없어 (a)는 정답이 아니다. (b)는 지문에 바람 때문에 삼림에 불이 번졌다는 내용이 없기 때문에 정답이 아니다. (d)는 '국민의 생활이 번창해졌다(民生红火)'에서 '번창하다(红火)'는 '불(火)'이라는 표현이 있지만 화재와 관련이 없는 비유적 표현이므로 정답이 아니다. 정답은 화재가 '부근에 있는 유구한 항구도시를 위협하고 있다(危及邻近的历史悠久的港口城市)'와 관련이 있는 (c)이다.

번역 연해 지역의 삼림에서 화재가 자주 발생하고 있다. 최근에 칠레 연해 지역에서 또 큰 삼림 화재가 일어나서 1명이 사망하고 최소 10명이 부상을 입었고 부근에 있는 유구한 역사의 항구도시를 위협하고 있다. 당국은 이미 두 항구 도시에 비상사태를 선포하고 주민들에게 소개 명령을 내렸다.

[질문] 이 내용에 따르면 다음 중 어느 것이 맞습니까?

(a) 하늘을 덮는 화재로 삼림이 모두 훼손되었다
(b) 불은 바람의 힘을 빌리고 바람은 불의 힘을 빌린다
(c) 삼림에 화재가 발생하여 유구한 도시에 화가 미쳤다
(d) 유구한 도시가 새롭게 바뀌어 국민의 생활이 번창해졌다

자구 풀이

- 沿海(yánhǎi) 연해
- 森林(sēnlín) 삼림
- 火灾(huǒzāi) 화재
- 频发(pínfā) 자주 일어나다
- 智利(Zhìlì) 칠레
- 燃(rán) (불이) 일다
- 致使(zhìshǐ) 초래하다
- 死亡(sǐwáng) 사망하다
- 至少(zhìshǎo) 최소
- 受伤(shòu//shāng) 부상을 입다
- 危及(wēijí) 위험이 미치다
- 悠久(yōujiǔ) 역사가 오래되다, 유구하다
- 港口(gǎngkǒu) 항구
- 当局(dāngjú) 당국
- 宣布(xuānbù) 선포하다
- 紧急(jǐnjí) 긴박하다
- 状态(zhuàngtài) 상태
- 下令(xià//lìng) 명령을 내리다
- 疏散(shūsàn) (사람이나 물건을) 소개시키다
- 居民(jūmín) 주민
- 铺天(pūtiān) 하늘을 덮다
- 毁(huǐ) 훼손시키다
- 借(jiè) 빌리다

- 风势(fēngshì) 바람의 힘
- 失火(shīhuǒ) 실화
- 殃及(yāngjí) 화가 미치다
- 古城(gǔchéng) 고성
- 翻新(fānxīn) 새롭게 바뀌다
- 民生(mínshēng) 민생
- 红火(hónghuo) 번창하다

49 荀子说，不积累每一小步，就不能到达千里之外；不汇集细流，就不能形成江海。骏马一跃，不足十步远，但劣马拉车走十天，也能走得很远，它的成功就在于不停止。再比如拿刀刻东西，如果中途停止了，那连腐朽的木头你都刻不断；但是如果不停地刻下去，那么就算金石也能雕刻成功。

问：这段文字提倡的是什么精神？

(a) 流水不腐
(b) 持之以恒
(c) 户枢不蠹
(d) 卧薪尝胆

| 해설 | 지문은 순자의 사상에 대한 설명이다. 설명을 듣고 선택지의 성어와 의미가 서로 통하는 것을 찾는 문제이다. (a)와 (c)는 보통 같이 사용되는 성어로 '꾸준히 움직이는 사물은 침체되지 않고 오래간다'라는 의미를 가지고 있어서 정답이 아니고, '성공은 멈추지 않는 것에 있다(成功就在于不停止)'와 '쉬지 않고(不停地)'의 의미와 밀접한 (b) '끈기 있게 계속하다(持之以恒)'가 정답이다. (d)는 '참고 견디다'의 의미가 강하므로 정답이 아니다.

번역 순자는 작은 걸음이 쌓이지 않으면 천 리 밖에 다다르지 못하고, 작은 물줄기가 모이지 않으면 강과 바다가 만들어질 수 없다고 하였다. 뛰어난 말이 한 번 뛰어도 열 걸음에 이르지 못하지만 허약한 말이 수레를 끌어 열흘을 가면 멀리 갈 수 있기 때문에 말의 성공은 멈추지 않는 것에 있다. 다시 예를 들면, 칼로 물건을 깎아 낼 때 도중에 그만두면 썩은 나무라도 잘라 낼 수 없지만 쉬지 않고 깎아내면 설령 금석이라 할지라도 성공적으로 조각해 낼 수 있다.

[질문] 이 내용이 제창하는 것은 어떤 정신입니까?

(a) 흐르는 물은 썩지 않는다
(b) 끈기 있게 계속하다
(c) 돌쩌귀에 녹이 슬지 않는다
(d) 온갖 어려움을 참고 견디다

자구 풀이

- 荀子(Xúnzǐ) 순자
- 积累(jīlěi) 쌓이다
- 汇集(huìjí) 모이다
- 细流(xìliú) 작은 물줄기
- 江海(jiānghǎi) 강과 바다
- 骏马(jùnmǎ) 뛰어난 말
- 跃(yuè) 뛰다
- 劣马(lièmǎ) 허약한 말
- 成功(chénggōng) 성공
- 停止(tíngzhǐ) 멈추다
- 刻(kè) 깎다
- 中途(zhōngtú) 도중
- 腐朽(fǔxiǔ) 썩다
- 木头(mùtou) 나무
- 金石(jīnshí) 금석
- 雕刻(diāokè) 조각하다
- 提倡(tíchàng) 제창하다
- 精神(jīngshén) 정신
- 流水不腐(liú shuǐ bù fǔ) 흐르는 물은 썩지 않는다 (늘 움직이는 사물은 침체되지 않고 오래간다)
- 持之以恒(chí zhī yǐ héng) 끈기 있게 계속하다

- 户枢不蠹(hù shū bú dù)　돌쩌귀에 녹이 슬지 않는다 (늘 움직이는 사물은 침체되지 않고 오래간다)
- 卧薪尝胆(wò xīn cháng dǎn)　땔나무 위에 누워 자고 쓸개를 맛보다 (복수를 준비하다)

50 据报道，近日，中央和国家机关公车改革取消车辆公开拍卖，竞拍者云集汽车交易市场，当日现场近百辆公车全部高价拍出。对此，国管局资产管理司负责人表示，公车拍卖如此看好，是因为中央机关公务用车的改革受关注程度高，再有就是大家普遍认为中央机关的车有严格的日常管理，车况都比较好，再加上公务车拍卖能够做到公正透明，所以吸引了大量竞拍者。

问：这段话是一则什么报道？

(a) 时事点评
(b) 时事要闻
(c) 社会百态
(d) 社会舆论

| 해설 | 지문 내용을 전체적으로 듣고 질문에 답하는 문제이다. 지문은 관용차 개혁의 일환으로 퇴출된 관용 차량을 공개 경매하게 된 내용을 보도한 뉴스이다. (a)에 제시된 '시사논평(时事点评)' 성격의 내용은 아니며 (c), (d) 역시 보도 내용의 성격과 거리가 있다. 정답은 '중요 시사 뉴스(时事要闻)'로 정리한 (b)이다.

번역 최근 중앙 기관과 국가 기관의 관용차 개혁으로 인하여 퇴출된 관용 차량을 공개 경매하자 경매자가 자동차 매매 시장에 운집하여 당일 현장에 있던 백 대에 달하는 관용차가 모두 높은 가격에 낙찰된 것으로 보도되었다. 이에 대하여 국가기관사무관리국 자산관리부 책임자는 관용차 경매가 이처럼 성공적으로 진행된 것은 중앙 기관의 공용차 개혁에 대한 사람들의 관심이 높고, 게다가 사람들이 중앙 기관의 차량은 엄격하게 매일 관리하여 일반적으로 차량 상태가 비교적 양호하다고 생각하고 있으며, 또 관용차 경매가 공정하고 투명하게 진행되어 많은 경매참가자를 끌어들였기 때문이라고 밝혔다.

[질문] 이 내용은 무슨 보도입니까?

(a) 시사 논평
(b) 중요 시사 뉴스
(c) 다양한 사회 현상
(d) 사회 여론

자구 풀이

- 据(jù) 따르다
- 报道(bàodào) 보도
- 中央(zhōngyāng) 정부 최고 기관
- 国家机关(guójiā jīguān) 국가 기관
- 公车(gōngchē) 관용차
- 取消(qǔxiāo) 취소하다
- 拍卖(pāimài) 경매하다
- 竞拍者(jìngpāizhě) 경매자
- 云集(yúnjí) 운집하다
- 交易(jiāoyì) 거래하다
- 高价(gāojià) 고가
- 负责人(fùzérén) 책임자
- 表示(biǎoshì) 표명하다
- 如此(rúcǐ) 이처럼
- 关注(guānzhù) 관심을 갖다
- 再有(zàiyǒu) 게다가
- 普遍(pǔbiàn) 일반적이다
- 严格(yángé) 엄격하다
- 车况(chēkuàng) 차량 상태
- 公正透明(gōngzhèng tòumíng) 공정하고 투명하다
- 吸引(xīyǐn) 끌어들이다
- 则(zé) (뉴스, 기사의 양사) 편
- 点评(diǎnpíng) 논평

- 要闻(yàowén) 중요한 뉴스
- 百态(bǎitài) 다양한 현상
- 舆论(yúlùn) 여론

Part I

| 문제 1~4 | 다음 대화문의 빈칸에 들어갈 가장 적절한 표현을 고르시오.

01

A：你看这衣服怎么样？

B：嗯，这______很漂亮。

(a) 件

(b) 张

(c) 页

(d) 片

| 해설 | '옷(衣服)'의 적절한 양사 표현을 고르는 문제이다. (b)의 '장(张)'은 넓고 평평한 사물을 세는 단위이고, (c)의 '쪽(页)'은 책 등의 페이지를 세는 단위이고 (d)의 '편(片)'은 얇고 작은 사물이나 작게 자르는 부분을 세는 단위이므로 정답이 아니다. (a) '벌(件)'이 정답이다.

번역

A: 너 보기에 이 옷 어때?

B: 응, 이 옷 예쁘네.

(a) 벌

(b) 장

(c) 쪽

(d) 편

자구 풀이

- 衣服(yīfu) 옷
- 漂亮(piàoliang) 예쁘다
- 片(piàn) 편

02 A：你明天去吗？

B：不下雨______去。

(a) 可

(b) 已

(c) 又

(d) 就

| 해설 | '내일(明天)' 갈 것인지에 대한 적절한 응답을 고르는 문제이다. (a)의 '그러나(可)'는 역접을 나타내고, (b)의 '이미(已)'는 이미 실현된 사실에 쓰이고, (c) '또(又)'는 일어났던 일이 또 일어나는 상황에 쓰이므로 정답이 될 수 없다. 조건을 나타내는 (d) '~면(就)'이 정답이다.

번역 A: 너 내일 가니?

B: 비 안 오면 갈 거야.

(a) 그러나

(b) 이미

(c) 또

(d) ~면

자구 풀이

- 又(yòu) 또

03

A：你觉得他人怎么样？
B：他______我很好。

(a) 给
(b) 对
(c) 离
(d) 把

| 해설 | 사람에 대한 평가를 묻는 질문에 적절한 응답을 고르는 문제이다. 답변은 이러한 문맥과 어울리면서 문법에도 부합하여야 한다. (a)의 '~에게 ~를 주다(给)'라는 표현은 '我' 앞에 올 수 있지만 '很好'와 어울릴 수 없고 (c)와 (d)의 표현은 문법적으로 맞지 않은 표현들이다. 정답은 (b)이다.

번역

A: 네 생각에 그 사람 좀 어때?
B: 그 사람 나한테 잘해 줘.

(a) ~에게 (~를 주다)
(b) ~한테
(c) ~에서
(d) ~를

자구풀이

- 觉得(juéde) ~라고 여기다 (생각하다)
- 离(lí) ~에서
- 把(bǎ) ~을

04 A：老王，刚才有电话找你，我帮你留了个纸条。
B：______，这是你留的呀。

(a) 哎
(b) 喂
(c) 哦
(d) 咦

| 해설 | 메모를 남겨 주었다는 말에 대한 답변으로 어울리는 감탄사를 찾는 문제이다. 정답은 어떤 사실이나 상황을 깨달았을 때 쓰는 감탄사 (c) '오(哦)'이다. (a) '아이(哎)'는 주의를 환기시킬 때 주로 사용되고, (b) '여보세요(喂)'는 주로 전화할 때 또는 사람을 부를 때 쓰이며, (d) '어(咦)'는 주로 놀라움을 표시할 때 쓰이는 감탄사이다.

번역 A: 라오왕, 방금 너 찾는 전화 왔는데 내가 메모 남겨 뒀어.
B: 오, 이게 네 메모구나.

(a) 아이
(b) 여보세요
(c) 오
(d) (놀람을 나타내는) 어

자구 풀이
- 刚才(gāngcái) 방금
- 帮(bāng) 돕다
- 留(liú) 남기다
- 纸条(zhǐtiáo) 종이 쪽지, 메모

| 문제 5~8 | 다음 문장의 빈칸에 들어갈 가장 적절한 표현을 고르시오.

05 中国有许多大江大河，________长江、黄河、珠江、海河、淮河等，其中最有名的当然是黄河和长江。

(a) 好像
(b) 比如
(c) 可能
(d) 还有

| 해설 | 열거된 명사들 앞에 올 수 있는 표현을 고르는 문제이다. (b) '예를 들면(比如)'이 가장 적절하다. (a) '好像'과 (c) '可能'은 '추측'을 (d) '还有'는 '추가'를 나타내는 동사 또는 부사 표현이므로 문맥에 부합하지 않는다.

번역 중국에는 큰 강과 하천이 많이 있다. 예를 들면 양쯔강, 황허강, 주장강, 화이허강 등이다. 그중에서 가장 유명한 것은 당연히 황허강과 양쯔강이다.

(a) 마치
(b) 예를 들면
(c) 아마도
(d) 또

자구 풀이

- 许多(xǔduō) 많다
- 黄河(Huánghé) 황허강
- 长江(Chángjiāng) 양쯔강
- 好像(hǎoxiàng) 마치
- 可能(kěnéng) 아마도

06 在生活中，人与人之间不可能没有矛盾，遇到问题千万不能冲动，______静下心来，去跟对方认真谈。

(a) 想
(b) 会
(c) 要
(d) 能

| 해설 | 문맥과 어울리면서 빈칸에 적절한 조동사를 찾는 문제이다. '절대로 ~하면 안 된다(千万不能~)'라는 표현이 있으므로 당위성을 나타내는 조동사 (c) '~해야 한다(要)'가 적절하다. (a), (b), (d)의 표현은 모두 희망사항이나 가능을 나타내는 표현이므로 당위성을 제시해야 할 문맥과 어울리지 않는다.

번역 살아가면서 사람과 사람 사이에 모순이 없을 수는 없으므로 문제가 생기면 절대로 흥분해서는 안 되고 마음을 가라앉혀 상대방과 진지하게 말해야 한다.

(a) ~하고 싶다
(b) ~일 것이다
(c) ~해야 한다
(d) ~할 수 있다

자구풀이

- 矛盾(máodùn) 모순
- 千万(qiānwàn) 절대로
- 冲动(chōngdòng) 흥분하다
- 静下心来(jìng xià xīn lái) 마음을 가라앉히다
- 认真(rènzhēn) 진지하다

SET2 독해

07 彝族的婚礼热闹而有趣，男方家来娶亲时，女方的家人要向新郎泼水，________彝族的风俗认为清水能祛除邪魔。

(a) 因此
(b) 因为
(c) 但是
(d) 可是

| 해설 | 지문의 뒷문장에서 신랑에게 '물을 뿌리는(泼水)' 이유인 '깨끗한 물이 사악한 것을 없앤다(清水能祛除邪魔)'를 설명하고 있으므로 이유를 이끄는 접속사가 필요하다. (b) '왜냐하면(因为)'이 적절한 접속사이고 접속사 (a), (c), (d)는 모두 문맥과 어울리지 않는다.

번역 이족의 결혼식은 떠들썩하고 재미있다. 남자 쪽 집안에서 신부를 맞이하러 오면 여자 쪽 집안 사람은 신랑에게 물을 뿌린다. 왜냐하면 이족의 풍습에서는 깨끗한 물이 사악한 것을 없앨 수 있다고 여기기 때문이다.

(a) 그래서
(b) 왜냐하면
(c) 그러나
(d) 하지만

자구 풀이

- 彝族(Yízú) (중국의 소수민족인) 이족
- 婚礼(hūnlǐ) 결혼식
- 热闹(rènao) 떠들썩하다
- 有趣(yǒuqù) 재미있다
- 娶亲(qǔ//qīn) 신부를 맞이하다
- 泼水(pōshuǐ) 물을 뿌리다
- 风俗(fēngsú) 풍습
- 祛除(qūchú) 없애다
- 邪魔(xiémó) 요괴, 사악한 것

08 有些人最怕的是那种无事可做、没着没落的感觉，因此即便是走路坐车，他们也要掏出手机做点什么，______让自己闲不下来。

(a) 没
(b) 好
(c) 不
(d) 肯

| 해설 | 문장은 사람들이 '할 일이 아무것도 없는(无事可做)' 상황을 두려워해서 '자신을 한가해지지(自己闲不下来) 않도록' 한다는 의미이므로 (b)의 '~하도록'이라는 의미가 있는 '好'가 '让'과 잘 어울리는 표현이다. (a), (c), (d)는 의미적으로 문맥과 어울리지 않는다.

번역 어떤 사람들에게 가장 두려운 것은 할 일이 아무것도 없고 마음이 안정되지 못한 상황이다. 그래서 설령 길을 걷거나 차에 타고 있을 때에도 사람들은 휴대 전화를 꺼내어 뭔가를 하는 것으로 자신을 한가해지지 않도록 만든다.

(a) ~아니다
(b) ~도록
(c) ~아니다
(d) 기꺼이 ~하다

자구 풀이

- 怕(pà) 두려워하다
- 没着没落(méi zhāo méi lào) (마음이) 안정되지 못하다
- 即便(jíbiàn) 설령
- 掏(tāo) 꺼내다
- 闲(xián) 한가하다
- 肯(kěn) 기꺼이 ~하다

| 문제 9 | 다음 대화에서 어법상 틀리거나 어색한 부분을 고르시오.

09

(a) A：你怎么才来了？

(b) B：我又没迟到，你喊什么呀？

(c) A：没迟到？约好九点见面，你看看都几点了？

(d) B：九点五分，不就晚了五分钟嘛！

| 해설 | 대화에 쓰인 부사 '才'의 용법 문제이다. '才'는 예상하는 시점에 동작이 이루어지지 않았다는 의미를 가지고 있기 때문에 동작의 완료를 나타내는 '了'와 어울리지 않는다. 따라서 정확하지 못한 표현은 (a)이다.

번역

(a) A: 너 왜 이제서야 왔어?

(b) B: 나 늦지도 않았는데 웬 고함이야?

(c) A: 늦지 않았다고? 9시에 보기로 약속해 놓고 벌써 몇 시인지 좀 봐 봐.

(d) B: 9시 5분이야, 5분밖에 안 늦었잖아.

자구 풀이

- 迟到(chídào) 지각하다, 늦다
- 喊(hǎn) 소리지르다, 고함치다

| 문제 10 | 다음 글에서 어법상 틀리거나 어색한 부분을 고르시오.

10 (a) 当代中国，在经济迅猛发展的背后，价值迷茫和观念冲突亦如影相随。(b) 对于很多已经不同程度上富裕起来的当代中国人来说，(c) 有了钱以后还要怎么办？个人的幸福和社会的未来究竟在哪里？(d) 这些关乎个体生命发展和群体历史进程的现实疑惑从而使他们无所适从。

| 해설 | (d)에 쓰인 '따라서(从而)'는 원인, 방법 등에 해당하는 앞부분과 결과, 목적 등에 해당하는 뒷부분을 연결하여 주는 접속사이다. (d)의 문장은 이러한 복문이 아니므로 접속사 '从而'을 사용할 수 있는 환경이 아니다. 따라서 정답은 (d)이다.

번역 (a) 현대 중국에서는 급격한 경제 발전의 뒤에 가치관이 흐릿하고 사고 방식이 상충하는 현상도 뒤따르고 있다. (b) 이미 정도는 다르지만 부유해지기 시작한 현대 중국인에게는, (c) 돈이 생기고 난 다음에 어떻게 할까? 개인의 행복과 사회의 미래는 도대체 어디 있는 것일까? (d) 이러한 개인의 생명 발전과 집단의 역사 발전에 관련된 현실적 회의가 그들로 하여금 무엇을 따라야 할지 모르게 만든다.

자구풀이

- 迅猛(xùnměng) 급격하다
- 迷茫(mímáng) 흐릿하다
- 如影相随(rú yǐng xiāng suí) 그림자처럼 붙어 다니다, 뒤따르다
- 对于(duìyú)~来说(láishuō) ~에 대해서 말하자면
- ~起来(qǐlai) ~하기 시작하다
- 究竟(jiūjìng) 도대체
- 关乎(guānhū) ~에 관련되다
- 疑惑(yíhuò) 의혹, 회의
- 无所适从(wú suǒ shì cóng) 무엇을 따라야 할지 모르다

Part II

| 문제 11~15 | 다음 대화문의 빈칸에 들어갈 가장 적절한 표현을 고르시오.

11

A：下个月咱们公司开运动会，你参加吗？

B：集体活动嘛，当然要________。

(a) 复习

(b) 学习

(c) 参加

(d) 参考

| 해설 | 운동회에 '참석하는지(参加)'를 묻는 말에 대한 적절한 응답을 고르는 문제이다. '참석하다'로 물어보았으므로 '참석하다'를 사용하여 대답한 (c)가 정답이다. (a), (b), (d)는 문맥과 어울리지 않는다.

번역

A: 다음 달에 회사에서 운동회 하는데 너 참석하니?

B: 단체 행사잖아? 당연히 참석해야지.

(a) 복습

(b) 공부

(c) 참석

(d) 참고

자구풀이

- 参加(cānjiā) 참석하다, 참가하다
- 活动(huódòng) 행사

12

A：你最近在忙什么？

B：我在到处找________呢。

(a) 朋友
(b) 工作
(c) 手机
(d) 汽车

| 해설 | 요즘에 바쁜 이유를 묻는 질문에 대한 적절한 응답을 고르는 문제이다. 문맥상 '여기저기(到处)' 무엇을 찾으러 다니느라 바쁘다는 응답에 적절한 표현은 (b) '일자리(工作)'이다. (a), (c), (d)는 찾는 대상으로는 적합하지만 문맥과는 어울리지 않는다.

번역

A: 너 요즘 뭐하고 지내?

B: 나 여기저기 일자리 찾으러 다녀.

(a) 친구
(b) 일자리
(c) 휴대 전화
(d) 자동차

자구풀이

- 到处(dàochù) 여기저기, 도처
- 汽车(qìchē) 자동차

13

A：你没有钥匙呀？

B：我还________你有呢，在这儿傻等了你半天。

(a) 以为

(b) 认为

(c) 感觉

(d) 感到

| 해설 | '너 열쇠 없구나(你没有钥匙呀？)'에 대한 응답이고 '바보같이 너를 한참 동안 기다렸다(傻等了你半天)'라는 말에 비추어 보았을 때 '네가 가지고 있는 줄로 알았다'로 대답하는 것이 적절하므로 (a) '잘못 알다(以为)'가 정답이다. (b), (c), (d)는 문맥과 어울리지 않는다.

번역

A: 너 열쇠 없구나?

B: 네가 가지고 있는 줄 알았어. 여기에서 바보같이 너를 한참 동안 기다렸네.

(a) ~로 (잘못) 알다

(b) ~로 생각하다

(c) ~로 여기다

(d) ~로 느끼다

자구 풀이

- 钥匙(yàoshi) 열쇠
- 傻(shǎ) 어리석다, 멍하다

14 A: 听说你当选区人大代表了？

B: 哎呦，是啊！我一定不会辜负大家对我的________。

(a) 心意
(b) 好意
(c) 责任
(d) 信任

| 해설 | 인민대표대회 대표로 당선된 것에 대한 응답으로 적절한 표현을 고르는 문제이다. 대표로 당선되었을 때 일반적으로 무엇을 '저버리지 않을 것이다(不会辜负)'라는 표현에는 '나에 대한 사람들의(大家对我的)'라는 말에 비추어 보았을 때 (d) '신뢰(信任)'가 가장 적절한 응답이다. (a), (b)는 문맥상 적절하지 않으며 (c) '책임(责任)'은 '헛되게 하다(辜负)'와 어울리지 않는다.

번역 A: 너 구 인민대표대회 대표로 당선됐다면서?

B: 아이고, 맞아! 나 절대로 나에 대한 사람들의 신뢰를 헛되게 하지 않을 거야.

(a) 성의
(b) 호의
(c) 책임
(d) 신뢰

자구 풀이
- 区(qū) (행정 구획 단위의 하나인) 구
- 人大代表(réndà dàibiǎo) 인민대표대회 대표
- 辜负(gūfù) 헛되게 하다
- 责任(zérèn) 책임

15 A：小张，公司让你明天去北京办事。
B：什么？这也太________了。

(a) 恍惚
(b) 稳定
(c) 突然
(d) 焦急

| 해설 | '내일 북경에 가서 업무를 보다(明天去北京办事)'와 같은 상황은 어떠한 상황인지 가장 적절한 응답을 고르는 문제이다. 일반적으로 '갑작스러운(突然)' 일일 것이므로 정답은 (c)이다. (a), (b), (d)는 어울리지 않는 응답이다.

번역 A: 샤오장, 회사에서 너 내일 북경에 가서 업무를 보란다.
B: 뭐라고? 이거 너무 <u>갑작스럽게</u> 됐네.

(a) 흐리멍덩하다
(b) 안정적이다
(c) 갑작스럽다
(d) 초조하다

자구 풀이
- 办事(bàn//shì) 업무를 보다
- 恍惚(huǎnghū) (정신이) 흐리멍덩하다
- 稳定(wěndìng) 안정적이다
- 突然(tūrán) 갑작스럽다
- 焦急(jiāojí) 초조하다

| 문제 16~20 | 다음 글의 빈칸에 들어갈 가장 적절한 표현을 고르시오.

16 学校附近有家小饭馆儿，环境整洁而舒适，饭菜可口，价格又不贵，所以大学生们都喜欢去那儿________。

(a) 吃饭
(b) 喝水
(c) 买书
(d) 预习

| 해설 | 학교 근처의 '식당(饭馆儿)'이 '맛있고(可口)', '비싸지 않아서(不贵)' 학생들이 식당에 가서 무엇을 하는지에 대한 적절한 표현을 고르는 문제이므로 정답은 (a) '밥 먹다(吃饭)'이다. (b), (c), (d)는 문장과 어울리지 않는 표현이다.

번역 학교 근처에 작은 식당이 있는데 환경이 깨끗하고 쾌적하며 음식이 맛있고 가격도 비싸지 않아서 대학생들은 거기에 가서 밥 먹는 것을 모두 좋아한다.

(a) 밥 먹다
(b) 물 마시다
(c) 책을 사다
(d) 예습하다

자구 풀이
- 整洁(zhěngjié) 깨끗하다
- 舒适(shūshì) 쾌적하다
- 可口(kěkǒu) 맛있다

17

时间不等人，与其叹息逝去的光阴，不如珍惜现在，让平淡的人生增添新的________。

(a) 心情
(b) 财富
(c) 时光
(d) 色彩

| 해설 | '현재를 소중하게 생각하여(珍惜现在)' '평범한 인생에 새로운 ~을 더하는 것이(让平淡的人生增添新的~)' 더 낫다고 하였으므로 '평범(平淡)'이라는 표현에 대응되는 표현을 고르는 것이 가장 적절하다. 정답은 (d) '색깔(色彩)'이다. (a), (b), (c)는 모두 전체 문맥과 어울리지 않는 표현이다.

번역 시간은 사람을 기다리지 않는다. 지나가 버린 세월을 탄식하는 것보다 현재를 소중하게 생각하여 평범한 인생에 새로운 색깔을 더하게 하는 것이 더 낫다.

(a) 마음
(b) 재산
(c) 시간
(d) 색깔

자구 풀이

- 与其(yǔqí)~不如(bùrú)··· ~하는 것보다 ···하는 것이 더 낫다
- 叹息(tànxī) 탄식하다
- 逝去(shìqù) (시간이) 지나가다
- 珍惜(zhēnxī) 소중히 여기다
- 增添(zēngtiān) 더하다

18 现如今中国消费者的自我保护意识正在不断提高，遇到侵犯消费者权益的行为，很多人都会主动投诉，积极________。

(a) 办理
(b) 受理
(c) 维权
(d) 维护

| 해설 | 중국 소비자들이 '자기 보호 의식(自我保护意识)'을 높이고 '소비자의 권익을 침해받지(侵犯消费者权益)' 않기 위하여 하는 행동으로 적절한 것을 고르는 문제이다. 위 문장에서 '주동적으로 고발하여(主动投诉)' '적극적으로(积极)' 무엇을 하는 것과 어울리는 표현은 (c) '권익을 보호하다(维权)'이다. (a), (b), (d)는 모두 문맥과 어울리지 않는다.

번역 최근 중국 소비자들의 자기 보호 의식이 계속 높아지고 있어서 소비자 권익을 침해하는 행위를 접하게 되면 주동적으로 고발하여 적극적으로 <u>권익을 보호하는</u> 사람이 많다.

(a) 처리하다
(b) 접수하여 처리하다
(c) 권익을 보호하다
(d) 지키다

자구 풀이
- 侵犯(qīnfàn) 침해하다
- 权益(quányì) 권익
- 投诉(tóusù) 고발하다
- 受理(shòulǐ) 접수하여 처리하다

19

黄连今日又升10元左右，目前干货145元左右，据说产地货少，且求购者较多，________市价趋坚。

(a) 以致
(b) 以便
(c) 以免
(d) 以及

| 해설 | 물건이 적고 구매자가 비교적 많기 때문에 원하지 않게 시장 가격이 강보합세 상황이라는 의미의 문장이다. 원하지 않는 상황을 이끄는 접속사 (a) '~을 초래하다(以致)'가 가장 적절한 접속사이다. (b), (c), (d)는 문맥과 어울리지 않는다.

번역 황련 가격이 오늘 다시 10위안 정도 올라서 건조된 상품은 최근에 145위안 정도이다. 생산지에 물건은 적고 구매를 원하는 사람은 비교적 많아서 시장 가격의 강보합세를 초래하는 것이라고 한다.

(a) ~을 초래하다
(b) ~하기 위하여
(c) ~하지 않기 위하여
(d) 아울러

자구 풀이

- 干货(gānhuò) 건조된 상품
- 趋(qū) (일정한 방향으로) 나아가다
- 坚(jiān) 견고하다
- 以致(yǐzhì)~ ~을 초래하다
- 以便(yǐbiàn)~ ~하기 위하여
- 以免(yǐmiǎn)~ ~하지 않기 위하여
- 以及(yǐjí) 그리고, 아울러

20 汉字是世界上最古老的文字之一，也是目前世界上唯一仍被广泛使用的文字。汉字根据笔体不同，书写方法也有所不同。汉字书法具有无与伦比的________。

(a) 震撼
(b) 创新
(c) 历史
(d) 美感

| 해설 | 한자는 '필체(笔体)'에 따라 '서법(书写方法)'이 달라지는 등 '비교할 수 없을 만큼 탁월한(无与伦比)' 무엇을 가지고 있다라는 문장에서 무엇에 해당하는 표현을 고르는 문제이다. 가장 적절한 것은 (d) '미적 감각(美感)'이다.

번역 한자는 세계에서 가장 오래된 문자의 하나이면서도 현재까지 여전히 세계적으로 광범위하게 사용되고 있는 유일한 문자이다. 한자는 필체가 달라짐에 따라 쓰는 방법도 다르다. 한자의 서법은 탁월한 미적 감각을 가지고 있다.

(a) 뒤흔들다
(b) 창조성
(c) 역사
(d) 미적 감각

자구 풀이
- 仍(réng) 여전히
- 广泛(guǎngfàn) 광범위하다
- 根据(gēnjù)~ ~에 따라
- 无与伦比(wú yǔ lún bǐ) (비교할 수 없을 만큼) 탁월하다
- 震撼(zhènhàn) 뒤흔들다
- 创新(chuàngxīn) 창조성

Part III

| 문제 21~35 | 다음 글을 읽고 빈칸에 들어갈 가장 알맞은 표현을 고르시오.

21 中国是“饮食王国”，饮食品种多，历史也悠久。中国饮食和法国、土耳其饮食一起被称为“__________”。

(a) 世界三大饮食
(b) 世界四大文明
(c) 世界五大饮料
(d) 世界七大奇迹

| 해설 | ‘중국요리(中国饮食)’에 대한 설명이다. 프랑스요리, 터키요리와 함께 무엇으로 불리는지에 대한 것이므로 (a) ‘세계 3대 요리(世界三大饮食)’가 정답이다.

번역 중국은 “요리의 왕국”이다. 요리의 종류가 많고 역사도 오래되었다. 중국요리는 프랑스요리, 터키요리와 함께 “세계 3대 요리”로 불린다.

(a) 세계 3대 요리
(b) 세계 4대 문명
(c) 세계 5대 음료
(d) 세계 7대 불가사의

지구풀이
- 品种(pǐnzhǒng) 종류
- 悠久(yōujiǔ) 오래되다
- 被称为(bèi chēng wéi)~ ~라고 불리다
- 奇迹(qíjì) 기적

22 本人欲觅一间13平方米以上的住房，要有厨具、淋浴、宽带上网等配套设施，最好还有洗衣机、冰箱、空调、电视等__________。

(a) 高档卫浴
(b) 进口家具
(c) 家用电器
(d) 电子商务

| 해설 | 집을 구하는 글이다. '세탁기(洗衣机)', '냉장고(冰箱)', '에어컨(空调)', '텔레비전(电视)' 등을 포괄할 수 있는 것은 (c) '가전 제품(家用电器)'이다.

번역 저는 13평방미터 이상 되는 집을 구하고 싶습니다. 주방 도구, 샤워실, 광대역 인터넷 등 부대 시설이 되어 있어야 합니다. 세탁기, 냉장고, 에어컨, 텔레비전 등 가전 제품이 있으면 더 좋습니다.

(a) 고급 화장실과 욕실
(b) 수입 가구
(c) 가전 제품
(d) 전자 상거래

자구 풀이

- 欲(yù)~ ~하고 싶다
- 觅(mì) 구하다
- 厨具(chújù) 주방 도구
- 淋浴(línyù) 샤워실, 샤워(하다)
- 宽带上网(kuāndài shàngwǎng) 광대역 인터넷 접속
- 配套设施(pèitào shèshī) 부대 시설
- 冰箱(bīngxiāng) 냉장고
- 高档(gāodàng) 고급의
- 卫浴(wèiyù) 화장실과 욕실
- 商务(shāngwù) 상거래

23 他喜欢冬天出去旅游，每年寒假他都要出去走走。今年他来到了山东济南，发现这里的冬天有很多别的地方没有的特点，景色__________，实在值得一游。

(a) 十分美丽
(b) 非常活泼
(c) 特别生动
(d) 比较丰富

| 해설 | 여행을 좋아하는 사람이 산둥성 지난시의 모습을 긍정적으로 묘사한 글이다. 이러한 문맥과 '경치(景色)'와 어울리는 서술어를 고려하였을 때 적절한 표현은 (a) '아주 아름답다(十分美丽)'이다.

번역 그 사람은 겨울에 여행 가는 것을 좋아해서 매년 겨울 방학 때마다 나간다. 올해 그 사람은 산둥성 지난시에 왔는데 이곳 겨울이 다른 곳에는 없는 특색이 아주 많고 경치도 아주 아름다워서 정말 와 볼 만한 곳이라는 것을 알게 되었다.

(a) 아주 아름답다
(b) 아주 활발하다
(c) 아주 생동감 있다
(d) 비교적 풍부하다

자구 풀이

- 寒假(hánjià) 겨울 방학
- 济南(Jǐnán) 지난 시
- 景色(jǐngsè) 경치
- 实在(shízài) 정말
- 值得(zhídé)~ ~할 만하다
- 活泼(huópō) 활발하다
- 丰富(fēngfù) 풍부하다

24 大熊猫是中国的国宝，它珍贵、祥和，寥寥黑白两色搭配出可爱和易记的形象，曾代表中国“出使”各地传播友谊，许多外国人只要一看到大熊猫，就肯定会__________。

(a) 感到吃惊
(b) 想到中国
(c) 觉得可怜
(d) 喜爱动物

| 해설 | 중국의 국보로 불리는 판다에 대한 설명문이다. 문장에서 판다는 '중국을 대표하는(代表中国)' 동물로 설명되고 있다. 이에 따라 외국인들이 판다를 보면 반드시 중국을 생각하게 된다고 볼 수 있으므로 (b) '중국을 떠올린다(想到中国)'가 적절한 표현이다.

번역 판다는 중국의 국보이다. 판다는 진귀하고 상서로우며 단순한 검정색과 하얀색 두 색깔이 귀엽고 쉽게 기억할 수 있는 형상으로 어우러진다. 일찍부터 중국을 대표하는 외교 사절로 나서 방방곡곡에 우정을 전파하고 있다. 많은 외국인들은 판다를 한번 보기만 하면 반드시 중국을 떠올릴 것이다.

(a) 깜짝 놀라다
(b) 중국을 떠올리다
(c) 불쌍히 여기다
(d) 동물을 좋아하다

자구 풀이

- 国宝(guóbǎo) 국보
- 珍贵(zhēnguì) 진귀하다
- 祥和(xiánghé) 상서롭다
- 寥寥(liáoliáo) (수가) 매우 적다
- 搭配(dāpèi) 조합하다
- 传播(chuánbō) 전파하다
- 吃惊(chījīng) 놀라다
- 可怜(kělián) 불쌍하다

25 "____________"是做人的原则。爱说话的人，往往只顾释放自己的压力，而少了一份对他人的理解，时间久了，不堪重负的朋友自然就会越离越远。

(a) 大公无私
(b) 少说多听
(c) 勤俭节约
(d) 守时守信

| 해설 | '말하기를 좋아하는(爱说话)' 사람의 문제점을 지적한 문장이다. 즉, 자신의 스트레스를 푸는 것만 생각하여(只顾释放自己的压力)' '친구들이 점점 멀어지게 되는(朋友会越离越远)' 점이다. 이것과 상반되는 사람됨을 첫머리에 말하여야 하므로 가장 적절한 표현은 (b) '말을 적게 하고 듣기를 많이 하는 것(少说多听)'이다.

번역 "말을 적게 하고 듣기를 많이 하는 것"은 사람됨의 원칙이다. 말하기를 좋아하는 사람은 왕왕 자신의 스트레스 푸는 것만을 고려하고 다른 사람에 대한 이해가 부족하게 되는데 시간이 길어지면 그 부담을 견디기 힘든 친구들은 자연스럽게 점점 멀어지게 된다.

(a) 사심 없이 대중의 이익만을 생각하다
(b) 말을 적게 하고 듣기를 많이 하다
(c) 근검절약하다
(d) 시간을 지키고 신용을 지키다

자구 풀이

- 原则(yuánzé) 원칙
- 往往(wǎngwǎng) 왕왕
- 顾(gù) 고려하다
- 释放(shìfàng) 내보내다, 풀다
- 不堪重负(bùkān zhòngfù) 무거운 부담을 견딜 수 없다
- 越(yuè)~越(yuè)··· ~수록 …하다
- 大公无私(dà gōng wú sī) 사심 없이 국민의 이익만을 생각하다
- 勤俭节约(qínjiǎn jiéyuē) 근검절약하다

26 锦标赛的角逐通常是残酷的，从各地高手中挑选出的参赛选手，实力大体相当，所以一般竞争会＿＿＿＿＿＿。

(a) 热烈欢迎
(b) 全面调整
(c) 格外激烈
(d) 特别隆重

| 해설 | '선수권 대회의 승부 겨루기(锦标赛的角逐)'의 특징을 '냉혹하다(残酷)'라고 설명하고 있으므로 '경쟁(竞争)'의 술어로 빈칸에 들어갈 적절한 표현은 (c) '유난히 격렬하다(格外激烈)'이다.

번역 선수권 대회의 승부 겨루기는 일반적으로 냉혹하다. 여러 곳의 고수들 중에서 선발된 참가 선수들은 실력이 대체로 비슷하기 때문에 일반적으로 경쟁은 유난히 격렬하다.

(a) 열렬히 환영하다
(b) 전면적으로 조정하다
(c) 유난히 격렬하다
(d) 대단히 성대하다

자구 풀이

- 锦标赛(jǐnbiāosài) 선수권 대회
- 角逐(juézhú) 승부를 겨루다
- 残酷(cánkù) 냉혹하다
- 竞争(jìngzhēng) 경쟁(하다)
- 调整(tiáozhěng) 조정하다
- 格外(géwài) 유난히
- 激烈(jīliè) 격렬하다
- 隆重(lóngzhòng) 성대하다

27 火地岛位于南美洲的最南端，被世人称为“世界尽头”，雪峰峻岭、闻名于世的大冰川、莽莽原始森林、惹人心醉的海峡，这些都是火地岛的________。

(a) 重大环境问题
(b) 主要旅游景点
(c) 在建创收项目
(d) 原始文化特色

| 해설 | 티에라델푸에고 섬의 지리적 특징과 자연 경관을 설명하고 있는 글이다. 자연 경관으로 나열된 ‘눈에 덮인 높은 봉우리(雪峰峻岭)’, ‘대빙하(大冰川)’, ‘원시밀림(原始森林)’, ‘사람들을 매혹하는 해협(惹人心醉的海峡)’ 등은 이 섬의 여행 명소들이므로 정답은 (b) ‘주요 여행 명소(主要旅游景点)’이다.

번역 티에라델푸에고 섬은 남미의 최남단에 위치하고 있어서 사람들은 “세계의 끝”이라고 부른다. 눈에 덮인 높은 봉우리, 세상에 널리 알려진 대빙하, 무성한 원시밀림, 사람들을 매혹하는 해협, 이 모든 것들이 티에라델푸에고 섬의 주요 여행 명소이다.

(a) 중대한 환경 문제
(b) 주요 여행 명소
(c) 진행 중인 수익 창출 사업
(d) 원시 문화의 특색

자구 풀이

- 尽头(jìntóu) 끝
- 闻名于世(wénmíng yú shì) 세상에 널리 알려지다
- 莽莽(mǎngmǎng) 무성하다
- 惹人心醉(rě rén xīn zuì) 사람들을 매혹하다
- 海峡(hǎixiá) 해협
- 景点(jǐngdiǎn) 명승지, 명소
- 项目(xiàngmù) 프로젝트, 사업

28 据调查，人口出生率未见“二孩效应”。调查发现，随着“单独二孩”政策的实施，已婚育龄妇女中有生育二孩意愿的仅为少数，大部分人则明确表示“______________”。

(a) 只想要一个
(b) 还想要女孩
(c) 不想生孩子
(d) 就想要两个

| 해설 | ‘두 자녀 효과(二孩效应)’가 아직 나타나지 않았다고 설명한 글이다. ‘두 번째 아이를 출산할 의사가 있는 사람은 적고(有生育二孩意愿的仅为少数)’ 대부분 빈칸과 같이 응답하였다고 설명하고 있다. 따라서 (b) 딸을 더 갖고 싶다(还想要女孩), (d) ‘두 자녀를 갖고 싶다(就想要两个)’는 문맥상 적절하지 않은 표현이고, (c) 아이를 낳고 싶지 않다(不想生孩子)’는 문맥과 어울리지 않으므로 가장 적절한 표현은 (a) ‘한 자녀만 갖고 싶다(只想要一个)’이다.

번역 조사에 따르면 인구 출생률은 아직 “두 자녀 효과”를 보지 못하였다. 조사로 알 수 있는 것은 “부부 중 한 쪽이 독자이면 두 자녀 가능” 정책의 실시에 따라서 기혼 가임 연령 여성 중에서 두 번째 아이를 출산할 의사가 있는 여성은 적은 수에 불과하였고 대부분은 확실하게 “한 자녀만 갖고 싶다”라고 하였다는 점이다.

(a) 한 자녀만 갖고 싶다
(b) 딸을 더 갖고 싶다
(c) 아이를 낳고 싶지 않다
(d) 두 자녀를 갖고 싶다

자구 풀이

- 调查(diàochá) 조사
- 未(wèi) 아직 ~하지 않다
- 效应(xiàoyìng) 효과
- 随着(suízhe) 따라서
- 政策(zhèngcè) 정책
- 育龄(yùlíng) 가임 연령
- 仅(jǐn) 단지
- 则(zé) 바로, 곧
- 明确(míngquè) 명확하다
- 表示(biǎoshì) (사상, 감정 등을) 나타내다

29 世人皆好追名逐利，不论地位高下，为蝇头小利争得头破血流的大有人在。其实这样做只会导致为物所役而不得解脱。想当年视名利为浮云的庄子对楚王千金聘相“持竿不顾”，就是宁愿生而＿＿＿＿＿，也不愿贵为卿相为官所累。

(a) 行云布雨
(b) 曳尾涂中
(c) 为所欲为
(d) 忧喜交集

| 해설 | 이익만을 추구하는 것의 폐해를 말한 글이다. 문장 중에 '물욕을 추구하다 빠져나올 수 없는 지경에 이르다(只会导致为物所役而不得解脱)'라는 표현에 비추어 보았을 때 '낚싯대를 기울이고 돌아보지도 않았다(持竿不顾)'를 보충 설명하는 적절한 내용이 무엇인지를 찾는 문제이다. '무엇으로 살아갈지언정('宁愿生而~)'의 빈칸에 적절한 표현은 '꼬리를 진흙 속에 묻고 끌다(曳尾涂中)'이다. 이 이야기는 『장자(庄子)』의 추수편(秋水篇) 고사에서 인용된 것이다. 즉, 거북이를 아무리 비단에 싸서 모셔 둔다 한들 거북이는 죽어서 뼈만 남은 채로 귀해지는 것보다 살아서 '꼬리를 진흙 속에 묻고 끌고 다니는 것(曳尾涂中)'을 더 원했을 것이라는 우화를 통해 명예와 이익을 추구하는 것의 덧없음을 말하였다. 따라서 정답은 (b)이다.

번역 세상 사람들은 모두 명예와 이익을 추구하는 것을 좋아한다. 지위 고하를 막론하고 눈곱만한 이익을 위해 피 터지게 싸우는 사람이 부지기수이다. 사실 이렇게 하면 물욕을 추구하다 빠져나올 수 없는 지경에 이르게 된다. 예전에 명예와 이익을 뜬구름과 같다고 본 장자는 초왕이 천금으로 재상을 청하였을 때 "낚싯대를 기울이고 돌아보지도 않았다". 즉, 거북이처럼 살아서 꼬리를 진흙 속에 묻고 끌지언정 재상으로 귀하게 되어 구속되는 것을 바라지 않았다.

(a) 구름을 움직이고 비를 내린다
(b) 꼬리를 진흙 속에 묻고 끌다
(c) 하고 싶은 대로 하다
(d) 슬픔과 기쁨이 섞여 있다

자구 풀이

- 皆(jiē) 모두
- 追名逐利(zhuī míng zhú lì) 명예와 이익을 추구하다
- 蝇头小利(yíng tóu xiǎo lì) 파리 머리만한 이익, 눈곱만한 이익
- 头破血流(tóu pò xuè liú) 머리가 깨어져 피가 흐르다
- 为物所役(wéi wù suǒ yì) 물욕을 추구하다
- 解脱(jiětuō) 빠져나오다
- 浮云(fúyún) 뜬구름
- 宁愿(nìngyuàn)~ ~할지언정
- 卿相(qīngxiàng) 재상

30 内向并不等于害羞，而有人却误把内向与害羞划上等号。其实内向的人只是看起来更安静，而害羞是害怕别人的＿＿＿＿＿＿＿＿。所以，有害羞的外向者，也有不害羞的内向者。

(a) 羞愧与指责
(b) 非难与羞辱
(c) 非分的幻想
(d) 难耐的愧疚

| 해설 | '내향적인 것(内向)'과 '수줍어하는 것(害羞)'의 차이를 설명한 글이다. 수줍어하는 사람이 다른 사람의 무엇을 두려워하는지를 묻는 빈칸의 표현을 찾는 문제인데 문맥에 어울리는 것은 (b) '비난과 모욕(非难与羞辱)'이다. (a)는 수줍어한다는 것이고 (d)는 양심의 가책을 느껴 부끄러워한다는 것이어서 적절하지 않으며 (c)는 문맥과 어울리지 않는 표현이다.

번역 내향적인 것은 수줍어하는 것과 결코 같지 않은데 어떤 사람들은 내향적인 것을 수줍어하는 것과 같다고 잘못 알고 있다. 실제로 내향적인 사람은 보기에 훨씬 조용해 보일 뿐인 반면 수줍음은 다른 사람의 비난과 모욕을 두려워하는 것이다. 그래서 수줍어하는 외향적인 사람도 있고 수줍어하지 않는 내향적인 사람도 있다.

(a) 부끄러움과 지적
(b) 비난과 모욕
(c) 분수에 넘친 환상
(d) 참기 힘든 부끄러움

자구 풀이

- 等于(děngyú)~ ~과 같다
- 害羞(hàixiū) 수줍어하다
- 误(wù) 잘못되다
- 划(huà) 긋다, 표시하다
- 等号(děnghào) 등호
- 其实(qíshí) 사실
- 羞愧(xiūkuì) 부끄럽다
- 指责(zhǐzé) 지적하다
- 非难(fēinàn) 비난하다
- 羞辱(xiūrǔ) 모욕을 주다
- 幻想(huànxiǎng) 환상
- 难耐(nánnài) 참기 힘들다
- 愧疚(kuìjiù) 양심의 가책을 느껴 부끄러워하다

31 青少年是国家和民族的未来，可近来青少年的国民体质正在不断下降，实在令人担忧。据调查显示，近十年间，特别是大学生的爆发力、力量、耐力等身体素质持续下滑，体质＿＿＿＿＿＿。

(a) 明显增强
(b) 每况愈下
(c) 各有不同
(d) 不足为奇

| 해설 | 최근 대학생의 '순발력(爆发力)', '힘(力量)', '지구력(耐力)'이 '계속 떨어지고 있어(持续下滑)' 그들의 체력이 어떻게 되었는가에 대한 적절한 표현을 고르는 문제이다. (b) '갈수록 악화되다(每况愈下)'가 가장 적절한 표현이다.

번역 청소년은 국가와 민족의 미래이다. 그러나 최근에 청소년의 체력이 계속 떨어지고 있어 상당히 우려가 되고 있다. 조사에 따르면 최근 10년간, 특히 대학생의 순발력, 힘, 지구력 등 신체 자질이 계속 떨어지고 있어 체력이 <u>갈수록 악화되고 있다</u>.

(a) 뚜렷하게 향상되고 있다
(b) 갈수록 악화되고 있다
(c) 각자 다르다
(d) 특별한 구석이 없다

자구 풀이

- 下降(xiàjiàng) 하락하다
- 令人担忧(lìng rén dānyōu) 우려되다
- 显示(xiǎnshì) 보여 주다
- 爆发力(bàofālì) 순발력
- 耐力(nàilì) 지구력
- 持续(chíxù) 계속
- 下滑(xiàhuá) 아래로 미끄러지다, 떨어지다
- 增强(zēngqiáng) 향상되다
- 每况愈下(měi kuàng yù xià) 갈수록 악화되다
- 不足为奇(bù zú wéi qí) 특별한 구석이 없다, 평범하다

32 市立交响乐团深入民间，将舞台搬到各大社区，与市民交流互动，他们的演出使广大群众进入古典音乐殿堂的门槛＿＿＿＿＿＿。

(a) 大大降低
(b) 从无到有
(c) 走向世界
(d) 满足需求

| 해설 | '시립교향악단(市立交响乐团)'이 '사람들 속으로 깊이 파고들어(深入民间)' '시민과 교류하며 소통하고 있다(与市民交流互动)'라는 설명으로 보았을 때 '고전음악 전당(古典音乐殿堂)'의 문턱이 낮아진 것으로 판단할 수 있다. '문턱(门槛)'의 술어로 가장 적절한 표현은 (a) '크게 낮추다(大大降低)'이다.

번역 시립교향악단이 사람들 속으로 깊이 파고들면서 무대를 여러 큰 지역사회로 옮겨 시민들과 교류하며 소통하고 있다. 교향악단의 공연은 많은 사람들에게 고전음악 전당의 진입 문턱을 크게 낮추고 있다.

(a) 크게 낮추다
(b) 무에서 유를 창조하다
(c) 세계로 나아가다
(d) 수요를 충족시키다

자구 풀이

- 深入(shēnrù) 깊이 파고들다
- 搬(bān) 옮기다
- 社区(shèqū) 지역사회
- 互动(hùdòng) 상호 작용하다, 소통하다
- 殿堂(diàntáng) 전당
- 门槛(ménkǎn) 문턱
- 降低(jiàngdī) 낮추다
- 需求(xūqiú) 수요

33 风靡全球的自拍杆在国外的博物馆并不受欢迎，因为最多可以伸长到约1米的自拍杆可能会危及文物和游客安全，所以目前“禁杆令”已遍布全球＿＿＿＿＿＿。

(a) 知名博物馆
(b) 各大图书馆
(c) 十分受欢迎
(d) 非常有人气

| 해설 | '셀카봉(自拍杆)' 때문에 전시물과 여행객의 안전 위협을 걱정하는 '박물관(博物馆)'에 대한 설명이다. 따라서 최근 전 세계의 어느 곳에 '셀카봉 금지령(禁杆令)'이 '널리 퍼져 있는지(遍布)'에 대한 적절한 응답도 당연히 박물관일 것이므로 적절한 표현은 (a) '유명 박물관(知名博物馆)'이다. (b)는 문맥상 정답이 아니고 (c), (d)는 '널리 퍼지다(遍布)'의 목적어로 쓰이지 못한다.

번역 전 세계적으로 유행인 셀카봉이 해외 박물관에서는 전혀 환영받지 못하고 있다. 왜냐하면 최대 약 1미터까지 늘어날 수 있는 셀카봉은 전시물과 여행객의 안전을 위협할 수 있어서 최근 "셀카봉 금지령"은 이미 전 세계 유명 박물관에 널리 퍼져 있다.

(a) 유명 박물관
(b) 각 대형 도서관
(c) 대단히 환영을 받다
(d) 상당히 인기가 있다

자구 풀이

- 风靡(fēngmǐ) 유행이다
- 伸长(shēncháng) 늘어나다
- 危及(wēijí) 위험이 미치다, (안전을) 위협하다
- 遍布(biànbù) 널리 퍼지다

34 中国的“十一黄金周”始于1999年，距今已近二十个年头，假日旅游热潮一度席卷全国，长假制度也被视为是拉动内需、促进消费的一大举措。________随着时间推移，扎堆旅游带来的一些副作用使人们开始重新思考诸如“当初设立黄金周的经济目的是否实现？黄金周到底有多‘黄金’？”等问题。

(a) 无论
(b) 即使
(c) 因此
(d) 然而

| 해설 | ‘국경절 황금 연휴(十一黄金周)’의 장단점이 소개되고 있는 글이다. ‘내수를 움직이고(拉动内需)’ ‘소비를 촉진하는(促进消费)’ 장점과, ‘단체 여행이 가져오는 여러 부작용(扎堆旅游带来的一些副作用)’이라는 단점을 대비시키고 있으므로 빈칸에 들어갈 적절할 접속사는 (d) ‘그러나(然而)’이다.

번역 중국의 “국경절 황금연휴”는 1999년에 시작되어 지금 약 20년 정도 지났다. 휴일 여행의 열기가 전국을 휩쓸고 있어서 긴 휴일 제도 역시 내수를 움직이고 소비를 촉진하는 대형 조치로 인식되고 있다. 그러나 시간이 지나감에 따라 단체 여행이 가져오는 여러 부작용으로 인해서 사람들은 생각을 다시 하게 되었는데, 예를 들면 “애초에 황금 연휴에 설정한 경제적 목적은 실현되었을까?”, “황금 연휴에는 도대체 얼마나 많은 ‘황금’이 있을까?” 등의 문제이다.

(a) ~에 상관없이
(b) 설령
(c) 그래서
(d) 그러나

자구 풀이

- 年头(niántóu) 해, 년
- 热潮(rècháo) 열기
- 席卷(xíjuǎn) 석권하다, 휩쓸다
- 拉动内需(lādòng nèixū) 내수를 움직이다, 내수를 촉진하다
- 促进(cùjìn) 촉진하다
- 举措(jǔcuò) 조치
- 推移(tuīyí) (시간이) 변화하다, 지나가다
- 扎堆(zhā//duī) 한 곳에 모이다
- 副作用(fùzuòyòng) 부작용
- 诸如(zhūrú) 예를 들면
- 即使(jíshǐ)~ 비록 ~하여도

35 中国收藏品市场前景看好。作为新晋理财手段，人们对收藏品的关注有增无减。其中，名人尺牍比较受名家追捧，薄薄一页纸有的竟值近百万元。个中原因不外乎相比那些刻意为之的书法作品，名人尺牍往往写得随意，有时甚至会有涂改，________更能展现作者性情，有种见字如面之感。

(a) 尽管
(b) 反而
(c) 还是
(d) 即便

| 해설 | '새로운(新晋)' '재테크 수단(理财手段)'으로 떠오른 '유명인의 서신(名人尺牍)'에 관한 설명이다. 유명인의 서신이 서예 작품과 비교하였을 때 '대충대충 쓴 것(写得随意)'이기는 하지만 '작가의 성격을 더욱 잘 보여 준다(更能展现作者性情)'라고 설명하고 있는데 두 문장 사이에는 앞 문장과 상반되는 의미를 나타내는 접속사가 적절하므로 정답은 (b) '오히려(反而)'이다.

번역 중국에서 소장품 시장의 전망이 밝다. 새로운 재테크 수단으로 떠오른 소장품에 대한 사람들의 관심이 줄어들지 않는다. 그중에서 유명인의 서신이 전문가들의 사랑을 비교적 많이 받는데 얇디얇은 종이 한 장이 의외로 100만 위안에 가깝다. 그 이유는 정성을 많이 기울여 쓴 서예 작품과 비교했을 때 유명인의 서신은 종종 대충대충 쓴 것인 데다가 가끔 고쳐 쓰기도 한 것에 불과하지만 오히려 작가의 성격을 더욱 잘 보여 주어 글자를 보는 것이 얼굴을 대하는 듯한 느낌이 있다는 데 있다.

(a) ~에도 불구하고

(b) 오히려

(c) 여전히

(d) ~하더라도

자구 풀이

- 新晋(xīnjìn) 신진, 새로운
- 理财(lǐcái) 재테크
- 有增无减(yǒu zēng wú jiǎn) 늘어날 뿐 줄어들지 않다
- 尺牍(chǐdú) 서신
- 追捧(zhuīpěng) 사랑을 받다
- 不外乎(búwàihū)~ ~에 불과하다
- 刻意(kèyì) 진력하다, 고심하다
- 涂改(túgǎi) 고치다
- 见字如面(jiàn zì rú miàn) 글자를 보면 얼굴을 보는 듯하다
- 尽管(jǐnguǎn) ~에도 불구하고
- 即便(jíbiàn) ~하더라도

Part IV

| 문제 36~50 | 다음 글을 읽고 주어진 질문에 대한 가장 알맞은 답을 고르시오.

36 韩国首都首尔，是一座山水相依的秀丽城市。天然美景衬托着现代化的建筑，使它成为一座宜人的大都市。

问：上文主要介绍了什么？

(a) 一座城市
(b) 一处风景
(c) 一个国家
(d) 一条河流

| 해설 | '한국의 수도 서울(韩国首都首尔)'에 대한 설명문이고 지문에 '수도(首都)', '도시(城市)', '대도시(大都市)' 등의 단어가 사용되었다. 무엇을 소개하고 있느냐는 질문에 적절한 답은 (a) '도시(一座城市)'이다.

번역 한국의 수도인 서울은 산과 물이 서로 맞닿은 아름다운 도시이다. 천연의 아름다운 경치는 현대적인 건축물을 부각시켜 서울을 사람들의 마음에 드는 대도시로 만든다.

[질문] 윗글은 주로 무엇을 소개하고 있습니까?

(a) 도시
(b) 풍경
(c) 국가
(d) 하천

자구 풀이

- 山水相依(shānshuǐ xiāngyī) 산과 물이 서로 의지하다, 산과 물이 서로 맞닿다
- 衬托(chèntuō) 두드러지게 하다, 부각시키다
- 建筑(jiànzhù) 건축물
- 宜人(yírén) 사람의 마음에 들다
- 河流(héliú) 하천

37 日全食是一种太阳光被月亮全部遮住的天文现象。观看日全食时，千万不要直视太阳。如果在无适当防护措施情况下观看日全食，可能导致视网膜永久性损伤甚至失明。

问：上文主要介绍了什么？

(a) 太阳
(b) 月亮
(c) 日全食
(d) 视网膜

| 해설 | '개기 일식(日全食)'의 정의와 개기 일식을 관찰할 때 '직접 눈으로 태양을 보면 안 된다(不要直视太阳)'는 주의사항을 설명하고 있는 글이다. 이 글이 소개하고 있는 것이 무엇인지 묻고 있으므로 (c) '개기 일식(日全食)'이 정답이다. (a), (b), (d)는 개기 일식과 관련된 어휘이지만 정답과는 거리가 있다.

번역 개기 일식은 태양빛이 달로 모두 가려지는 천문 현상의 한 종류이다. 개기 일식을 볼 때에는 직접 눈으로 태양을 보면 절대 안 된다. 만약 적절한 보호 장치가 없이 개기일식을 본다면 망막이 영구적으로 손상되어 실명까지 초래할 수 있다.

[질문] 윗글은 주로 무슨 내용을 소개하고 있습니까?

(a) 태양
(b) 달
(c) 개기 일식
(d) 망막

자구 풀이

- 遮住(zhēzhù) 가려지다
- 导致(dǎozhì) 초래하다, 이르다
- 视网膜(shìwǎngmó) 망막
- 损伤(sǔnshāng) 손상
- 甚至(shènzhì) (심지어) ~까지도

38 为了减轻首都开罗的压力，埃及政府打算在开罗以东建造一座面积为700平方公里的新行政首都兼商业中心城市，政府还计划在此设25个居民区，可供至多500万人居住。

问：根据上文可知，埃及打算建造什么？

(a) 新行政首都
(b) 国际贸易城
(c) 两个商业中心
(d) 五百所新学校

| 해설 | 지문을 읽고 이집트가 무엇을 건설하기로 계획하였는지에 대한 알맞은 답을 고르는 문제이다. 지문에 이집트가 '새로운 행정 수도 겸 상업 중심 도시(新行政首都兼商业中心城市)'를 건설할 것이라는 설명이 있으므로 정답은 (a) '새로운 행정 수도(新行政首都)'이다. (b), (d)는 지문에 언급되지 않은 내용이며 (c) '상업 센터 두 곳(两个商业中心)'은 '상업 중심 도시(商业中心城市)'와는 거리가 있는 내용이다.

번역 수도 카이로의 부담을 줄이기 위하여 이집트 정부는 카이로 동부에 700제곱킬로미터 면적의 새로운 행정 수도 겸 상업 중심 도시를 건설하기로 계획하였다. 정부는 또 여기에 25개의 거주민 지역을 설치하여 500만 명에 이르는 주민에게 공급하기로 하였다.

[질문] 윗글에 근거하면 이집트는 무엇을 건설하기로 계획하였습니까?

(a) 새로운 행정 수도
(b) 국제무역 도시
(c) 상업센터 두 곳
(d) 새로운 학교 오백 곳

자구 풀이

- 减轻(jiǎnqīng) 줄이다
- 埃及(Āijí) 이집트
- 开罗(Kāiluó) 카이로
- 面积(miànjī) 면적
- 兼(jiān) 겸
- 设(shè) 설치하다

39 数字化阅读打破了纸质图书独霸天下的局面，以其便利和节约等优势，受到广大读者的青睐。但电子阅读也有其相应的缺陷，其中最主要的就是使用者很容易受设备上其他功能的诱惑而不能集中注意力。

问：上文主要介绍了有关“数字阅读”的哪一方面？

(a) 起源
(b) 长短处
(c) 发展状况
(d) 市场占有率

| 해설 | '디지털 독서(数字阅读)'는 '편리함과 경제성 등 장점(便利和节约等优势)'이 있지만 '전자책 기기에 있는 다른 기능들의 유혹에 빠져(受设备上其他功能诱惑)', '주의력 집중을 할 수 없는(不能集中注意力)', '단점(缺陷)'도 있다고 설명하고 있는 글이다. 질문에 대한 적절한 응답은 (b) 장단점(长短处)이다. (a), (c), (d)는 지문에 언급되지 않은 내용으로 정답이 아니다.

번역 디지털화 독서는 종이책의 세상 지배 국면을 깨뜨리면서 그 편리함과 경제성 등을 장점으로 광범위한 독자들의 인기를 얻고 있다. 그러나 전자책은 이에 상응하는 단점도 있는데 그중 가장 중요한 것은 바로 사용자가 전자책 기기에 있는 다른 기능들의 유혹에 쉽게 빠져 주의력 집중을 할 수 없다는 것이다.

[질문] 윗글은 "디지털 독서"와 관련된 어느 측면을 소개하고 있습니까?

(a) 유래
(b) 장단점
(c) 발전 상황
(d) 시장점유율

자구 풀이

- 数字化(shùzìhuà) 디지털화
- 独霸天下(dúbà tiānxià) 세상을 지배하다
- 优势(yōushì) 장점
- 青睐(qīnglài) 인기
- 缺陷(quēxiàn) 단점
- 功能(gōngnéng) 기능
- 诱惑(yòuhuò) 유혹
- 起源(qǐyuán) 유래
- 长短处(chángduǎnchù) 장단점
- 占有率(zhànyǒulǜ) 점유율

40 请将干菜装在有塑胶布的防水纸箱里，以免潮湿变质。请在外包装上刷上我公司缩写，在名称缩写下面印刷目的港和订单号码以及贵公司的电话号码。

问：这是一封关于什么的信函？

(a) 干菜质量检查
(b) 发货截止日期
(c) 产品包装要求
(d) 业务联系方式

| 해설 | 마른 채소의 포장을 '비닐포장으로 된 방수 종이 상자에 넣어 달라(装在有塑胶布的防水纸箱里)'고 하고, 바깥 포장에 회사 약칭 등을 인쇄해 달라(在外包装上刷上我公司缩写)'고 요청하는 것 등은 모두 (c) 상품 포장 요구 사항(产品包装要求)'이다. (a), (b), (d)는 지문에 언급되지 않은 내용이다.

번역 마른 채소는 비닐포장으로 된 방수 종이 상자에 넣어 습기로 변질되지 않게 해 주십시오. 바깥 포장에는 우리 회사의 약칭을 찍어 넣은 후, 약칭 아래에 도착 항구와 주문 번호, 귀사의 전화번호를 인쇄해 주십시오.

[질문] 이것은 무엇과 연관이 있는 서신입니까?

(a) 마른 채소 품질 검사
(b) 상품 배송 마감일
(c) 상품 포장 요구 사항
(d) 업무 연락 방식

자구 풀이

- 干菜(gāncài) 마른 채소
- 装(zhuāng) 담다
- 塑胶布(sùjiāobù) 방수포
- 潮湿(cháoshī) 습하다
- 变质(biàn//zhì) 변질하다
- 刷(shuā) 인쇄하다
- 缩写(suōxiě) 약칭
- 目的港(mùdìgǎng) 도착 항구
- 订单号码(dìngdān hàomǎ) 주문 번호
- 信函(xìnhán) 서신
- 发货(fā//huò) 상품을 배송하다
- 截止日期(jiézhǐ rìqī) 마감일
- 包装(bāozhuāng) 포장하다
- 业务(yèwù) 업무
- 联系方式(liánxì fāngshì) 연락 방식

41 天色渐晚，一路人行色匆匆，忽见对面隐约有灯光。走近一瞧，是个盲人手里提着个灯笼。路人深感奇怪，心想："你也借不着灯笼的光，打它何用啊？"遂问缘由，盲人说："我听说天黑以后，世人都跟我一样什么都看不见，所以才点上灯照亮道路。"路人听后，感叹道："原来你是为了众人点灯啊！"盲人说："其实我也是为自己，这样在黑夜里别人才能看见我，不会撞我。"路人大悟。

问：根据上文，我们可以知道什么？

(a) 明心见性
(b) 为人即为己
(c) 黎明来自黑夜
(d) 得饶人处且饶人

| 해설 | 장님이 밤에 초롱불을 켜고 가는 것은 '다른 사람에게 길을 밝혀 주는 것(为了别人点上灯照亮道路)'과 동시에 '다른 사람이 보고 자신과 부딪히지 않게 하려는(别人才能看见我不会撞我)' 두 가지 이유가 있다고 설명하는 글이다. 질문과 같이 지문의 내용으로 우리가 알 수 있는 것은 (b) '다른 사람을 위하는 것이 바로 나를 위하는 것이다(为人即为己)'이다.

번역 날이 점점 저물어 가는 중에 행인 한 사람이 바쁘게 걸어가면서 맞은편의 희미한 등불빛이 갑자기 시야에 들어왔다. 가까이 가서 보니 맹인의 손에 초롱이 들려 있는 것이었다. 행인이 아주 이상하다고 느껴 속으로 '당신은 등불의 덕도 못 보는데 등을 어디에 쓰려고?'라고 생각하였다. 그래서 이유를 물어보니 맹인이 "날이 저물면 세상 사람들이 나처럼 아무것도 보지 못한다고 하던데 그래서 등을 밝혀 길을 비추고 있어요."라고 말하였다. 행인이 듣고 나서 감동하여 "알고 보니 당신은 사람들을 위해서 등을 켠 것이군요!"라고 하자 맹인이 "실은 나를 위해서이기도 합니다. 이렇게 해야 다른 사람이 나를 볼 수 있게 되어 부딪히지 않지요." 행인은 크게 깨달았다.

[질문] 윗글에 의하면 우리는 무엇을 알 수 있습니까?

(a) 마음을 맑게 하여 자기 본연을 본다
(b) 다른 사람을 위하는 것이 바로 나를 위하는 것이다
(c) 여명은 깜깜한 밤에서 나온다
(d) 양보할 곳에서는 양보하여야 한다

자구 풀이

- 渐(jiàn) 점점
- 路人(lùrén) 행인
- 行色匆匆(xíngsè cōngcōng) 바쁘게 걸어가다
- 隐约(yǐnyuē) 희미하다
- 灯光(dēngguāng) 등불빛
- 瞧(qiáo) 보다
- 盲人(mángrén) 맹인
- 灯笼(dēnglong) 초롱
- 奇怪(qíguài) 이상하다
- 遂(suì) 그래서
- 缘由(yuányóu) 연유, 이유
- 撞(zhuàng) 부딪히다
- 悟(wù) 깨닫다
- 明心见性(míng xīn jiàn xìng) 마음을 맑게 하여 성품을 본다
- 黎明(límíng) 여명
- 得饶人处且饶人(dé ráo rén chù qiě ráo rén) 양보할 곳에서는 양보하여야 한다

42 生肖，又叫属相，为十二种动物，分别是鼠、牛、虎、兔、龙、蛇、马、羊、猴、鸡、狗、猪。据说，十二生肖是由华夏始祖黄帝创造的。先秦时期生肖系统已较完整，到了西汉，这一习俗就已经很盛行了。

问：上文主要介绍了什么？

(a) 十二生肖
(b) 华夏始祖
(c) 先秦家畜
(d) 西汉文化

| 해설 | 띠의 정의, 종류, 유래 등을 설명하는 글이다. 따라서 지문이 소개하고 있는 것은 (a) 열두 가지 띠(十二生肖)이다. (b), (c), (d)는 띠를 설명할 때 언급된 것이지만 정답과 관련이 없다.

번역 띠는 중국어로 '生肖' 또는 '属相'이라고도 하는데 열두 종류의 동물이다. 각각 쥐, 소, 호랑이, 토끼, 용, 뱀, 말, 양, 원숭이, 닭, 개, 돼지이다. 열두 가지 띠는 화하의 시조 황제(黄帝)가 창조한 것이다. 선진시기에 이미 띠 체계가 완성되었고 서한에 이르러 이 습속은 이미 융성하였다.

[질문] 윗글은 주로 무엇을 소개하고 있습니까?

(a) 열두 가지 띠
(b) 화하의 시조
(c) 선진 시기 가축
(d) 서한 문화

자구 풀이

- 生肖(shēngxiāo)　띠
- 属相(shǔxiàng)　띠
- 华夏(Huáxià)　화하
- 始祖(shǐzǔ)　시조
- 先秦(Xiān Qín)　선진
- 系统(xìtǒng)　체계
- 习俗(xísú)　습속
- 盛行(shèngxíng)　융성하다
- 家畜(jiāchù)　가축
- 西汉(Xī Hàn)　서한

43 广府文化历史悠久，广州是其发祥地。19世纪末，何子渊、丘逢甲等人冲破顽固守旧势力的禁锢，积极宣传现代教育，集资创办了多所中、小学校，并推广新式学堂。这不仅培育了一大批思想进步、锐意创新的社会精英，而且还催生了“折衷中西，融汇古今”的岭南画派，给岭南文化注入了勃勃生机。

问：根据上文可知，何子渊是个什么样的人？

(a) 中国现代著名画家
(b) 守旧势力的拥护者
(c) 现代教育的奠基人
(d) 广府文化的创始人

| 해설 | 지문을 읽고 '허쯔위안(何子渊)'이라는 인물을 맞게 설명한 것을 고르는 문제이다. 지문에서 허쯔위안은 '적극적으로 현대 교육을 홍보하고(积极宣传现代教育)' '자금을 모아(集资)' 많은 학교를 설립하고 '신식 학교를 널리 보급한(推广新式学堂)' 사람이므로 정답은 (c) 현대교육의 창시자(现代教育的奠基人)'이다. (a), (d)는 지문에 드러나 있지 않은 내용이고, (b) '수구 세력의 옹호자(守旧势力的拥护者)'는 허쯔위안이 '수구 세력의 속박을 타파한(冲破顽固守旧势力的禁锢)' 사람이므로 정답이 아니다.

번역 광푸 문화의 역사는 유구하고 광저우는 그 문화의 발상지이다. 19세기 말 허쯔위안, 치우펑자 같은 사람들이 완고한 수구세력의 속박을 타파하고 적극적으로 현대 교육을 홍보하였고, 자금을 모아 많은 초중고등학교를 설립하고 신식 학교를 널리 보급하였다. 이러한 것은 대단히 많은 사상적 진보 세력과 굳건하고 창의적인 사회 엘리트를 양성했을 뿐만 아니라 “중국과 서양을 절충하여 옛것과 새것을 융합시키자”라는 영남화파의 탄생도 촉진시켜 영남 문화에 생기를 강렬하게 불어넣었다.

[질문] 윗글에 따르면 허쯔위안은 어떤 사람입니까?

(a) 중국 현대의 저명한 화가
(b) 수구 세력의 옹호자
(c) 현대 교육의 창시자
(d) 광푸 문화의 창시자

자구 풀이

- 发祥地(fāxiángdì) 발상지
- 冲破(chōngpò) 타파하다, 헤치다
- 顽固(wángù) 완고하다
- 守旧(shǒujiù) 수구
- 禁锢(jìngù) 속박
- 集资(jízī) 자금을 모으다
- 推广(tuīguǎng) 널리 보급하다
- 培育(péiyù) 양성하다
- 批(pī) (양사) 무리
- 锐意(ruìyì) (마음이) 굳건하다
- 精英(jīngyīng) 엘리트
- 催生(cuīshēng) 탄생을 촉진시키다
- 折衷(zhézhōng) 절충하다
- 融汇(rónghuì) 융합하다
- 勃勃(bóbó) 강렬하다
- 奠基人(diànjīrén) 창시자

44 一杯好茶沁人心脾，饮茶是种享受。茶的冲泡是十分有讲究的，同样的茶叶，如用水不同、茶具不同或冲泡技术不一，泡出的茶汤会有不同的效果。想泡出一杯好茶是要下一番功夫的。

问：下面哪一项符合上文的内容？

(a) 把握时机并非易事
(b) 茶叶冲泡大有学问
(c) 普及知识任重道远
(d) 传统茶具风格多样

| 해설 | 지문을 읽고 차를 마시고 차를 우려내는 것에 설명 중 맞게 설명한 것을 고르는 문제이다. 지문에서 '차를 우려내는 것은 대단히 신경 써야 하는 것(茶的冲泡是十分有讲究的)'이고 '좋은 차 한 잔을 타 내고 싶으면 공력을 많이 들여야 한다(想泡出一杯好茶是要下一番功夫的)'라고 하였기 때문에 적절한 정답은 (b) '찻잎을 우려내는 것은 엄청난 노하우가 있어야 한다(茶叶冲泡大有学问)'이다. (a), (c), (d)는 모두 지문에 언급되지 않는 내용으로 정답이 아니다.

번역 좋은 차 한 잔이 심신을 편안하게 할 수 있듯이 차를 마시는 것은 일종의 누림이다. 차를 우려내는 것은 대단히 신경 써야 하는 것으로 같은 찻잎이라도 물을 쓰는 것이 다르거나, 차 마시는 도구가 다르거나, 차를 타는 기술이 같지 않으면 우려낸 찻물은 효과가 다를 수 있다. 좋은 차 한 잔을 타 내고 싶으면 공력을 많이 들여야 한다.

[질문] 아래의 내용 중 윗글과 부합하는 내용은 어느 것입니까?

(a) 기회를 포착하는 것은 결코 쉬운 일이 아니다

(b) 찻잎을 우려내는 것은 엄청난 노하우가 있어야 한다

(c) 지식을 보급하는 일은 책임이 무겁고 갈 길이 멀다

(d) 전통적인 차 마시는 도구의 스타일이 다양하다

자구 풀이

- 沁人心脾(qìn rén xīn pí) 아름다운 시나 음악이 마음 깊이 스며들어 감동을 자아내다
- 享受(xiǎngshòu) 누리다
- 冲泡(chōngpào) (차, 커피 등을) 뜨거운 물로 타다
- 讲究(jiǎngjiu) 신경 쓰다
- 下功夫(xià gōngfu) 공을 들이다
- 番(fān) 회, 차례, 번, 바탕
- 把握(bǎwò) 파악하다, 포착하다
- 任重道远(rèn zhòng dào yuǎn) 책임이 무겁고 갈 길은 아직도 멀다
- 风格(fēnggé) 기질, 스타일

45 经济前景黯淡，并不意味着国家经济从此会一蹶不振。有道是物极必反、否极泰来，也许经济泡沫的破灭，对中国来说面对的反而是难得的机遇。因为疯钱跑了，傻钱缩了，聪明钱留下来正等待机会。

问：笔者认为经济泡沫的崩溃意味着什么？

(a) 大势已去
(b) 风雨飘摇
(c) 良机将至
(d) 如日中天

| 해설 | 지문에 따르면 글쓴이는 '거품 경제가 꺼진 것은 중국 입장에서 보면 오히려 좋은 기회를 맞이한 것(也许经济泡沫的破灭, 对中国来说面对的反而是难得的机遇)'으로 보고 있다. 따라서 글쓴이의 의도에 부합하는 것은 (c) '좋은 기회가 곧 온다(良机将至)'이다. (a), (d)는 지문에서 언급하지 않은 내용이며, (b)는 위태로움이 기회라고 말한 글쓴이의 의도와 다르다.

번역 경제의 미래가 어둡고 막막한 것이 국가 경제가 앞으로 다시 일어나지 못할 수 있다는 것을 결코 의미하지 않는다. 극에 달하면 반드시 반전하고 불운이 다하면 행운이 오게 된다는 말이 있다. 아마도 거품 경제가 꺼진 것은 중국 입장에서 보면 오히려 좋은 기회를 맞이한 것이다. 왜냐하면 "미친 돈"은 달아났고 "바보 돈"은 쪼그라들었으니 "똑똑한 돈"이 남아서 기회를 기다리고 있는 중이기 때문이다.

[질문] 글쓴이는 거품 경제의 붕괴가 무엇을 의미하고 있다고 봅니까?

(a) 대세는 이미 지나갔다
(b) 형세가 매우 위태롭다 (비바람에 흔들리다)
(c) 좋은 기회가 곧 온다
(d) 전성기에 이르렀다

자구 풀이

- 黯淡(àndàn) 어둡고 막막하다
- 意味(yìwèi) 의미하다
- 一蹶不振(yì jué bú zhèn) 한 번 넘어져 다시 일어나지 못하다
- 物极必反、否极泰来(wù jí bì fǎn, pǐ jí tài lái) 극에 달하면 반드시 반전하고 불운이 다하면 행운이 온다
- 泡沫(pàomò) 거품
- 破灭(pòmiè) 붕괴하다
- 机遇(jīyù) 기회
- 疯(fēng) 미치다
- 缩(suō) 줄어들다, 쪼그라들다
- 崩溃(bēngkuì) 붕괴하다
- 大势已去(dàshì yǐ qù) 대세는 이미 지나갔다
- 风雨飘摇(fēngyǔ piāoyáo) 형세가 매우 위태롭다 (비바람에 흔들리다)
- 良机将至(liángjī jiāng zhì) 좋은 기회가 곧 온다
- 如日中天(rú rì zhōng tiān) 전성기에 이르렀다

46 《曼侬·莱斯科》(简称《曼侬》)是普契尼的成名作，取材于安托万·弗朗索瓦·普莱佛的小说《骑士葛利欧和曼侬·莱斯科的故事》。尽管此前已经有过作曲家马斯奈的同名歌剧，普契尼仍然通过活泼而辉煌的旋律奠定了自己的特色。

问：读了上文，我们可以获得什么信息？

(a)《曼侬》这一歌剧的剧本即将面世
(b)《曼侬》的成功改写了小说的历史
(c) 普契尼凭自己的挑战精神一举成名
(d) 普契尼的作品给了马斯奈无限灵感

| 해설 | 오페라《마농 레스코》와 그 작곡가 푸치니에 대한 설명과 부합하는 것을 고르는 문제이다. 지문에 따르면 푸치니는 '이미 동명의 오페라가 있었지만(已经有过同名歌剧)' '생동감 있고 눈부신 선율로 본인의 특색을 정립하였기(通过活泼而辉煌的旋律奠定了自己的特色)' 때문에 정답은 (c) '푸치니는 자신의 도전정신으로 성공하였다(普契尼凭自己的挑战精神一举成名)'이다. (a), (d)는 지문의 내용과 다르고 (b)는 지문의 내용과 연관이 없는 것들로 모두 오답이다.

번역 《마농 레스코》(약칭《마농》)는 푸치니의 출세작이다. 앙투안 프랑수아 프레보의 소설《기사 데그리외와 마농 레스코 이야기》에서 소재를 얻었다. 비록 그 전에 이미 작곡가 마스네가 만든 같은 제목의 오페라가 있었지만 푸치니는 여전히 생동감 있고 눈부신 선율로 본인의 특징을 정립하였다.

[질문] 윗글을 읽은 후 우리는 어떤 정보를 얻을 수 있습니까?

(a) 오페라《마농》의 극본이 곧 세상에 나올 것이다
(b)《마농》의 성공은 소설의 역사를 다시 쓰게 했다
(c) 푸치니는 자신의 도전정신으로 단번에 성공하였다
(d) 푸치니의 작품은 마스네에게 무한한 영감을 주었다

자구 풀이

- 成名作(chéngmíngzuò) 출세작
- 取材(qǔcái) 소재를 얻다
- 辉煌(huīhuáng) 눈부시다
- 旋律(xuánlǜ) 선율
- 奠定(diàndìng) 정립하다
- 获得(huòdé) 얻다
- 面世(miànshì) 세상에 나타나다
- 凭(píng)~ ~에 의거하여, ~에 따라
- 一举成名(yìjǔ chéngmíng) 단번에 성공하다
- 无限(wúxiàn) 무한하다
- 灵感(línggǎn) 영감

47 这有什么依不依，闹是谁也总要闹一闹的，只要用绳子把新娘一捆，塞在花轿里，抬到男家，捺上花冠，拜堂，关上房门，就完事了。可是祥林嫂真出格，听说那时实在闹得厉害，大家还都说大约在念书人家里做过事，所以与众不同呢。

问：上文的内容与下面哪一项有关？

(a) 义结金兰
(b) 歃血为盟
(c) 救死扶伤
(d) 洞房花烛

| 해설 | 지문과 관련이 있는 내용을 고르는 문제이다. 지문에 '신부를 묶어서 꽃가마에 집어 넣고(只要用绳子把新娘一捆，塞在花轿里)'라는 표현과, '화관을 눌러쓰고 맞절하고 방문을 닫는다(捺上花冠，拜堂，关上房门)' 등의 표현으로 보았을 때 정답은 (d) '신방에 화촉 밝히기(洞房花烛)'이다. (a), (b), (c)는 관련 없는 내용으로 모두 오답이다.

번역 이게 뭐 뜻을 따르고 안 따르고 할 것이 있는가, 소란은 누구라도 항상 좀 피우는 것이다. 밧줄로 신부를 묶어서 꽃가마에 집어 넣고 신랑집까지 함께 들쳐 메고 와서 화관을 눌러쓰고, 맞절하고 방문을 닫으면 끝나는 일이다. 그런데 샹린댁 아주머니는 정말 대단했다. 그때 정말로 시끌벅적했다는데 사람들이 모두 말하기를 양반집에서 일을 해 본 사람이어서 남들과 다르다고 하였다.

[질문] 윗글은 아래의 어느 항목과 연관이 있습니까?

(a) 의형제 맺기
(b) 삽혈로 동맹을 맺기
(c) 죽어 가는 사람을 구하고 다친 사람을 부축하기
(d) 신방에 화촉 밝히기

자구 풀이

- 依(yī) (다른 사람의) 뜻에 따르다
- 闹(nào) 소란을 피우다
- 绳子(shéngzi) 밧줄
- 捆(kǔn) 묶다
- 塞(sāi) 집어 넣다
- 花轿(huājiào) 꽃가마
- 捺(nà) 누르다
- 拜堂(bài//táng) 맞절하다
- 完事(wán//shì) 일을 끝내다
- 出格(chūgé) 대단하다
- 念书人(niànshūrén) 양반, 배운 사람
- 与众不同(yǔ zhòng bù tóng) 사람들과 다르다
- 义结金兰(yì jié jīn lán) 의형제를 맺다
- 歃血为盟(shàxuè wéi méng) 삽혈로 동맹을 맺다
- 救死扶伤(jiù sǐ fú shāng) 죽어 가는 사람을 구하고 다친 사람을 부축하다
- 洞房花烛(dòngfáng huāzhú) 신방에 화촉을 밝히다

48 现代科技文明真了不起。从前远在天边的亲人现如今已变得近在眼前，遥想当年背井离乡十分凄苦，亲人一别更不知几时才能相见。而现在社交网络把世界连成了一个村落，思念从此不必刻骨。

问：根据上文，下面哪一项正确？

(a) 群体性孤独是信息化时代的通病
(b) 信息技术的发展拉近了时空距离
(c) 珍爱生命是现代文明的核心理念
(d) 科技发展扩大了人们的生活范围

| 해설 | 지문과 관련이 있는 내용을 고르는 문제이다. 지문에 '예전에는 멀리 떨어져 있는 친족이 지금은 이미 눈앞에 있는 것처럼 가깝게 되었다(从前远在天边的亲人现如今已变得近在眼前)' 및 '소셜 네트워크가 세계를 하나의 마을로 연결시킨다(社交网络把世界连成了一个村落)' 등의 설명을 보았을 때 (b) '정보 기술의 발전은 시간적, 공간적 거리를 끌어당겨 놓았다(信息技术的发展拉近了时空距离)'라는 설명이 가장 정확하다. (a), (c)는 지문에 없는 내용을 설명하고 있어서 모두 오답이고, (d)는 지문에 네트워킹된 세계의 장점으로 생활 범위의 확대를 설명하고 있지 않아서 오답이다.

번역 현대 과학 기술 문명은 정말로 대단하다. 예전에는 멀리 떨어져 있는 친족이 지금은 이미 눈앞에 있는 것처럼 가깝게 되었다. 당시 고향을 떠나 아주 처참하고 힘들었던 것을 회상해 보면 친족이 한번 헤어지면 언제 다시 만나게 될지 모르는 상황이었다. 그런데 지금은 소셜 네트워크가 세계를 하나의 마을로 연결시켜 버려서 이제부터는 그리움을 그렇게 힘들어 할 필요는 없게 되었다.

[질문] 윗글에 따르면 아래의 어떤 내용이 정확합니까?

(a) 군중 속 고독은 정보화 시대의 병폐이다
(b) 정보 기술의 발전은 시간적, 공간적 거리를 끌어당겨 놓았다
(c) 생명을 아끼고 사랑하는 것은 현대 문명의 핵심 이념이다
(d) 과학 기술 발전은 사람들의 생활 범위를 확대시켰다

자구 풀이

- 了不起(liǎobuqǐ) 대단하다
- 远在天边(yuǎn zài tiān biān) 멀리 떨어져 있다
- 近在眼前(jìn zài yǎn qián) 눈앞에 가까이 있다
- 遥想(yáoxiǎng) 회상하다
- 背井离乡(bèi jǐng lí xiāng) 고향을 등지고 떠나다
- 凄苦(qīkǔ) 처참하고 힘들다
- 社交网络(shèjiāo wǎngluò) 소셜 네트워크
- 村落(cūnluò) 마을
- 刻骨(kègǔ) 뼈에 사무치다
- 群体性孤独(qúntǐxìng gūdú) 군중 속 고독

49 一代国画大师齐白石曾说，绘画之妙全在似与不似。太似像照片，无味；不似，以白石老人之见则为“欺世”。“似”与“不似”如何拿捏，全凭个人的艺术造诣与个性发挥，笔锋流转间无不闪耀着艺术家充满灵性的光辉。

问：上文主要想告诉我们什么？

(a) 雕塑艺术的个性特征
(b) 成功画作的鉴识要点
(c) 触类旁通的艺术天赋
(d) 见微知著的个人空间

| 해설 | 지문은 중국화의 대가인 치바이스가 회화의 묘미를 설명하고 있는 글이다. 지문에서 ‘‘비슷함’과 ‘비슷하지 않음’이 어떻게 빚어지는가는 모두 개인의 예술적 조예와 개성 발휘에 기대고 있는 것(“似”与“不似”如何拿捏，全凭个人的艺术造诣与个性发挥)’이라는 설명에 비추어 보았을 때 (b) ‘성공적인 회화의 판별 근거(成功画作的鉴识要点)’가 가장 올바른 답이다. (a), (c), (d)는 모두 지문과 관련이 없는 내용이다.

번역 한 시대를 풍미한 중국화의 대가 치바이스는 일찍이 회화의 묘미는 모두 비슷한 듯 비슷하지 않은 데 있다고 하였다. 사진처럼 아주 비슷한 것은 재미가 없는데, 비슷하지 않음은 바이스 옹의 견해로 말하면 바로 “세상 속이기”가 되는 것이다. “비슷함”과 “비슷하지 않음”이 어떻게 빚어지는가는 모두 개인의 예술적 조예와 개성 발휘에 기대고 있어서 붓이 흘러가는 매 순간에 예술가의 영감으로 충만한 빛이 뿜어져 나온다.

[질문] 윗글이 주로 우리에게 알려 주려고 하는 것은 무엇인가요?

(a) 조각 예술의 개성 특징
(b) 성공적인 회화의 판별 근거
(c) 하나를 보고 열을 아는 예술의 천부적인 자질
(d) 작은 단서로 그 특징을 알아낼 수 있는 개인적 공간

자구 풀이

- 国画大师(guóhuà dàshī) 중국화 대가
- 曾(céng) 일찍이
- 妙(miào) 미묘하다
- 似与不似(sì yǔ bú sì) 비슷함과 비슷하지 않음
- 欺世(qī shì) 세상을 속이다
- 拿捏(nániē) 빚다
- 造诣(zàoyì) 조예
- 发挥(fāhuī) 발휘하다
- 笔锋流转(bǐfēng liúzhuǎn) 붓이 흘러가다
- 闪耀(shǎnyào) 빛나다
- 灵性(língxìng) 영감
- 光辉(guānghuī) 찬란하다
- 雕塑(diāosù) 조각하다
- 鉴识(jiànshí) 감식하다
- 触类旁通(chù lèi páng tōng) 하나를 보고 열을 알다
- 天赋(tiānfù) 타고난 자질
- 见微知著(jiàn wēi zhī zhù) 작은 단서로 특징을 알아내다

50 两只困倦的刺猬由于寒冷而拥在一起，可怎么也睡不舒服，因为各自身上都长着刺，紧挨在一块儿，无法睡得安宁；离得太远，又难耐寒冷。几经折腾，两只刺猬终于找到了适当的距离，在呼啸的寒风中安然入眠，此所谓“刺猬法则”。该法则强调了人际交往中的“心理距离效应”。运用到管理实践上即为领导者要搞好工作应该与下属保持亲密关系，但要是“亲密有间”的关系。

问：读了上文，我们可以知道什么？

(a) 过近无君子
(b) 士为知己者死
(c) 强将手下无弱兵
(d) 重赏之下必有勇夫

| 해설 | “고슴도치 법칙(刺猬法则)”을 인간관계에 적용시켜 본 글이다. 지문에서는 ‘적당한 거리(适当的距离)’를 강조하고 있는데 이것과 연관이 있는 것은 (a) ‘너무 가까우면 군자가 없다(过近无君子)’이다. (b), (c), (d)는 모두 지문과 관련이 적고 특히 거리와 관련된 내용은 없어서 모두 오답이다.

번역 피곤한 고슴도치 두 마리가 추워서 함께 껴안고 있었는데 어떻게 해도 편안하게 잘 수가 없었다. 그 이유는 자신의 몸에 모두 긴 가시가 있어 가깝게 붙어 있으면 편안하게 잠을 잘 수가 없기 때문이었다. 또 너무 떨어지게 되면 차가운 날씨를 견디기 힘들었다. 몇 차례 뒤척이다가 고슴도치 두 마리는 드디어 적당한 거리를 찾아내었는데, 쌩쌩거리는 찬바람 속에서도 편안하게 잠을 잘 수 있었다. 이것을 일컬어서 이른바 “고슴도치 법칙”이라고 한다. 이 법칙은 인간관계 중의 “심리적 거리 효과”를 강조하고 있다. 이것을 관리적 실천에 적용해 보면, 이 법칙은 바로 지도자가 일을 잘 하려면 부하들과 친밀한 관계를 유지하면서도 “친하지만 거리가 있는” 관계이어야 한다는 것이다.

[질문] 윗글을 읽고 우리는 무엇을 알 수 있는가?

(a) 너무 가까우면 군자가 없다

(b) 선비는 자신을 알아주는 사람을 위해 죽는다

(c) 강한 장수 밑에 나약한 병사가 없다

(d) 큰 포상 아래에 반드시 용감한 자가 있다

자구 풀이

- 困倦(kùnjuàn) 피곤하다
- 刺猬(cìwei) 고슴도치
- 拥(yōng) 껴안다
- 挨(āi) 붙어 있다
- 折腾(zhēteng) 뒤척이다
- 呼啸(hūxiào) 쌩쌩거리다
- 所谓(suǒwèi) 이른바
- 过近无君子(guò jìn wú jūn zǐ) 너무 가까우면 군자가 없다
- 士为知己者死(shì wèi zhī jǐ zhě sǐ) 선비는 자신을 알아주는 사람을 위해 죽는다
- 强将手下无弱兵(qiáng jiàng shǒu xià wú ruò bīng) 강한 장수 밑에 나약한 병사가 없다
- 重赏之下必有勇夫(zhòng shǎng zhī xià bì yǒu yǒng fū) 큰 포상 아래에 반드시 용감한 자가 있다.

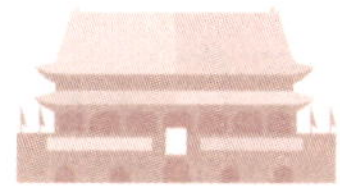

SNULT 중국어

정답표

SET1

:: 청해

1. (a)	2. (c)	3. (b)	4. (b)	5. (d)
6. (b)	7. (c)	8. (d)	9. (c)	10. (d)
11. (b)	12. (d)	13. (a)	14. (a)	15. (c)
16. (a)	17. (d)	18. (a)	19. (b)	20. (c)
21. (b)	22. (c)	23. (a)	24. (b)	25. (c)
26. (a)	27. (a)	28. (d)	29. (c)	30. (b)
31. (b)	32. (a)	33. (d)	34. (b)	35. (d)
36. (a)	37. (c)	38. (d)	39. (c)	40. (d)
41. (c)	42. (d)	43. (c)	44. (b)	45. (b)
46. (b)	47. (a)	48. (d)	49. (c)	50. (c)

:: 독해

1. (a)	2. (c)	3. (a)	4. (b)	5. (a)
6. (d)	7. (b)	8. (a)	9. (a)	10. (c)
11. (b)	12. (d)	13. (b)	14. (d)	15. (c)
16. (c)	17. (c)	18. (a)	19. (d)	20. (b)
21. (a)	22. (a)	23. (d)	24. (c)	25. (a)
26. (c)	27. (c)	28. (a)	29. (c)	30. (b)
31. (d)	32. (a)	33. (d)	34. (b)	35. (c)
36. (c)	37. (b)	38. (a)	39. (b)	40. (a)
41. (b)	42. (c)	43. (c)	44. (c)	45. (b)
46. (d)	47. (d)	48. (d)	49. (d)	50. (a)

SET2

:: 청해

1. (b)	2. (a)	3. (b)	4. (b)	5. (a)
6. (d)	7. (d)	8. (b)	9. (d)	10. (c)
11. (a)	12. (d)	13. (c)	14. (a)	15. (c)
16. (b)	17. (c)	18. (b)	19. (a)	20. (d)
21. (d)	22. (b)	23. (a)	24. (d)	25. (b)
26. (a)	27. (b)	28. (a)	29. (d)	30. (b)
31. (c)	32. (a)	33. (c)	34. (d)	35. (a)
36. (c)	37. (c)	38. (d)	39. (a)	40. (c)
41. (b)	42. (a)	43. (d)	44. (b)	45. (a)
46. (c)	47. (c)	48. (c)	49. (b)	50. (b)

:: 독해

1. (a)	2. (d)	3. (b)	4. (c)	5. (b)
6. (c)	7. (b)	8. (b)	9. (a)	10. (d)
11. (c)	12. (b)	13. (a)	14. (d)	15. (c)
16. (a)	17. (d)	18. (c)	19. (a)	20. (d)
21. (a)	22. (c)	23. (a)	24. (b)	25. (b)
26. (c)	27. (b)	28. (a)	29. (b)	30. (b)
31. (b)	32. (a)	33. (a)	34. (d)	35. (b)
36. (a)	37. (c)	38. (a)	39. (b)	40. (c)
41. (b)	42. (a)	43. (c)	44. (b)	45. (c)
46. (c)	47. (d)	48. (b)	49. (b)	50. (a)

SNULT 응시요강

SNULT 정기시험은 회차별로 지정된 접수기간 중 인터넷을 통하여 접수하실 수 있습니다.

응시대상은 제한이 없으며 응시료는 아래와 같습니다.

구분	응시료
정기접수	47,000원
추가접수	51,000원

▶ 접수방법

(1) 인터넷 접수

회차별로 지정된 정기접수기간 중 TEPS 홈페이지(www.teps.or.kr)에서 접수하실 수 있습니다.

(2) 결제 방법

신용카드, 실시간 계좌이체, 휴대폰 결제

(3) 고사장 선택

- 고사장은 TEPS 홈페이지에서 현재 접수 중인 고사장을 확인하시고 가까운 곳을 선택하시면 됩니다.
- 고사장은 일정에 따라 변동될 수 있으며 접수가 마감된 고사장은 접수가 불가능합니다.

▶ 신분증 규정

아래에 제시된 신분증 중 한 가지를 유효한 신분증으로 인정합니다.

구분	신분증
일반인	주민등록증(발급신청확인서), 운전면허증, 기간 만료 전의 여권, 공무원증, 장애인 복지카드 *주의: 대학(원)생 학생증은 사용하실 수 없습니다.
중/고등학생	학생증(학생증 지참 시 유의사항 참조), 기간 만료 전의 여권, 청소년증(발급신청확인서), 주민등록증(발급신청확인서), TEPS신분확인증명서
초등학생	기간 만료 전의 여권, 청소년증(발급신청확인서), TEPS신분확인증명서
군인	주민등록증(발급신청확인서), 운전면허증, 기간만료 전의 여권, 현역간부 신분증, 군무원증, TEPS신분확인증명서(사병)
외국인	외국인등록증, 기간만료 전의 여권, 국내거소신고증(출입국관리사무소 발행)

※유의사항

- 시험당일 위의 규정신분증 미소지자는 시험에 응시할 수 없습니다.
- 중고등학교 학생증은 반드시 이름, 사진, 학교명이 식별가능해야 합니다. 위의 항목 중 하나라도 누락되거나 식별이 불가능할 경우 시험에 응시할 수 없습니다.
- TEPS관리위원회에서 규정하는 신분증 중 한 가지를 반드시 소지해야 하며, 규정신분증 이외의 신분증을 소지하거나 신분증을 소지하지 않은 경우 시험에 응시할 수 없습니다.
- 규정신분증 이외의 의료보험증, 주민등록등본, 각종 자격증, 대학교 및 대학원 학생증, 사진이 있는 카드 등은 절대 신분증으로 이용할 수 없습니다.
- 규정신분증 미소지자가 시험 도중 적발될 경우에는 시험규정 위반으로 해당 시험 성적은 무효처리됩니다.

▶ 시험구성

구분	청해	독해	총계
시간	약 50분	50분	약 100분
문항/배점	50문항/100점	50문항/100점	100문항/100점

▶ 성적발표

(1) SNULT 정기시험 성적결과는 시험일 이후 2주차 화요일(근무일 기준 7일) 오후 5시에 TEPS 홈페이지를 통해 발표되며 우편통보는 성적발표일로부터 7~10일가량 소요됩니다.

(2) 성적확인을 위해서는 성적확인 비밀번호를 반드시 입력해야 합니다. 성적확인 비밀번호는 가장 최근에 응시한 SNULT 정기시험 답안지에 기재하신 4자리 비밀번호입니다. 성적확인 비밀번호를 분실한 경우에는 성적확인 비밀번호 찾기를 통해 확인하시기 바랍니다.

(3) 성적발표일은 변경될 수 있으니 홈페이지 공지사항을 참고하시기 바랍니다.

※ 시험 성적은 응시일로부터 2년간 유효합니다.

▶ 성적표 발급

SNULT 정기시험 성적표는 최초 발급 1회에 한하여 무료로 발급받을 수 있으며 시험접수 단계에서 최초 발급 성적표 수령방법을 선택하실 수 있습니다.

(1) 수령방법

- 우편수령: 성적발표 후 일괄 우편 발송되며 성적발표일 기준으로 7~10일가량 소요됩니다.
- 주소변경: 시험시행 후 7일 이내에 TEPS 홈페이지 > 접수관리 > 성적표 수령방법 > 주소변경 메뉴에서 변경 가능합니다.

(2) 재발급 신청

인터넷 신청: 인터넷을 통해 신청한 후 발급받는 방법으로 발급신청 시 우편수령, 택배수령 중 선택할 수 있으며 TEPS 홈페이지 > 성적확인 > 성적확인 / 성적표 · 인증서 발급신청 메뉴에서 신청할 수 있습니다.

앞면(Side1)

TEPS SNULT

수험번호 Registration No.	
생년월일 Birth	
성명 Name	

문 제 지 번 호 Test Booklet No.	감독관확인란

응시일자 : 년 월 일

청 해 Listening Comprehension (1–50)

독 해 Reading Comprehension (1–50)

고사실란 Room No.

성별 Gender: 남 Male / 여 Female

내/외국인 Dom./For.: 내국인 Domestic / 외국인 Foreigner

생년월일 Birth: Y Y M M D D

언 어 표 기 란	
영 어	서 어
일 어	노 어
중 어	포 어
불 어	아 랍 어
독 어	

※ 생년월일과 수험번호를 정확히 작성바랍니다

비밀번호 Password

좌석번호 Seat No.

수 험 번 호 Registration No.

답안작성시 유의사항

1. 답안작성은 반드시 컴퓨터용 싸인펜을 사용해야 하며, 아래의 'GOOD'과 같이 올바르게 마킹해야 합니다.
   Good / Bad
2. 답안작성 도중 수정이 필요한 경우 반드시 수정테이프를 사용해야 합니다.(수정액 불가)
3. 올바른 필기구와 수정도구를 사용하지 않거나 본인의 부주의로 잘못 마킹한 경우 성적 처리가 되지 않을 수 있으며 성적은 TEPS관리위원회 OMR 판독기의 판독결과에 따릅니다.
4. 성별, 생년월일, 수험번호 등의 인적정보는 성적처리를 위해 반드시 필요하므로 정확하게 기재해야 하며, 미기재 또는 기재오류 등으로 인해 인적정보가 올바르지 않는 경우 성적처리가 되지 않으며 그 결과는 응시자가 책임집니다.
5. 시험이 종료된 후 답안 및 인적사항의 수정 또는 정정이 불가능하므로 신중하게 답안을 작성하시기 바랍니다.
6. 답안지 상단의 타이밍마크( )를 찢거나 낙서 등으로 인해 답안지를 훼손하는 경우 성적처리가 되지 않을 수 있습니다.

서 약	본인은 답안 작성 시 유의사항을 준수하고 인적사항 및 답안 기재 오류, 답안지 훼손 시 그 결과에 책임지며 TEPS관리위원회의 부정행위 및 규정위반 처리규정을 준수할 것을 서약합니다.	

뒷면(Side2)

TEPS
SNULT

수험번호 Registration No.	
성명 Name 영문	
성명 Name 한자	

※ 접수 시 기재한 영문성명으로 작성하시기 바랍니다

<부정행위 및 규정위반 처리규정>

1. 모든 부정행위 및 규정위반 적발 및 이에 대한 조치는 TEPS관리위원회의 처리규정에 따라 이루어집니다.
2. 부정행위 및 규정위반 행위는 현장 적발 뿐만 아니라 사후에도 적발될 수 있으며 모두 동일한 조치가 취해집니다.
3. 부정행위 적발 시 이전회차 및 당해 성적은 무효화되며 사안에 따라 최대 5년까지 TEPS관리위원회에서 주관하는 모든 시험의 응시자격이 제한됩니다.
4. 문제지 이외에 메모를 하는 행위와 시험 문제의 일부 또는 전부를 유출하거나 공개하는 경우 부정행위로 처리됩니다.
5. 각 파트별 시간을 준수하지 않거나, 시험 종료 후 답안 작성을 계속할 경우 규정위반으로 처리됩니다.

성 명 (성·이름순으로 기재)

EX H O N G G I L D O N G

A B C D E F G H I J K L M N O P Q R S T U V W X Y Z

신 분	직 업		최종학력
초등학생	학생	공무원	초등학교졸업
중학생	전문직	전업주부	중학교졸업
고등학생	경영직	농/임/어업	고등학교졸업
전문대학생	사무직	자영업	전문대학졸업
대학생	서비스/영업/판매직	자유직/프리랜서	대학교졸업
대학원생	생산/기술직	기타/무직	대학원졸업
일반인	교사/강사		

질 문 란

1. 귀하의 SNULT 응시목적은?
ⓐ 취업준비 ⓑ 인사정책 ⓒ 개인실력측정 ⓓ 입시준비 ⓔ 국가고시지원 ⓕ 유학 ⓖ 교육목적

2. 제2외국어시험 선택의 고려 요인은?
ⓐ 성적의 활용도 ⓑ 시험인지도 ⓒ 공신력 ⓓ 난이도 ⓔ 응시료 ⓕ 주변평판 ⓖ 교재/학원

3. 귀하는 SNULT가 평가목적(다양한 소재의 질의를 통해 제2외국어의 실제 의사소통 능력을 측정)에 대체로 부합한다고 생각하십니까?
ⓐ 매우 그렇다 ⓑ 그렇다 ⓒ 보통 ⓓ 아니다 ⓔ 매우 아니다

4. 다음 중 가장 중점적으로 학습하는 영역은 무엇입니까?
ⓐ 청해 ⓑ 문법 ⓒ 어휘 ⓓ 독해 ⓔ 말하기 ⓕ 쓰기

5. 실질적으로 가장 많이 사용하는 영역은?
ⓐ 청해 ⓑ 문법 ⓒ 어휘 ⓓ 독해 ⓔ 말하기 ⓕ 쓰기

6. 귀하의 외국어실력 수준은?
ⓐ 매우높음 ⓑ 높음 ⓒ 보통 ⓓ 낮음 ⓔ 매우낮음

7. 현재 고사장의 만족도는?
ⓐ 매우만족 ⓑ 만족 ⓒ 약간만족 ⓓ 약간불만족 ⓔ 불만족 ⓕ 매우불만족

SNULT (중국어) 등급 분류표

등급	총점	등급별 능력검정기준
1+	91～100	모국어 화자에 버금가는 최상급의 언어능력을 보이며, 모든 분야의 전문적인 업무를 원활하게 수행할 수 있음.
1	81～90	모국어 화자에 근접하는 상급의 의사소통 능력을 보이며, 단기간의 훈련을 거치면 특정 분야의 전문적인 업무를 수행할 수 있음.
2+	71～80	중상급의 의사소통 능력을 보이며, 중장기간의 집중훈련을 거치면 일반적인 업무를 원활하게 수행할 수 있음.
2	61～70	중중급의 의사소통 능력을 보이며, 중장기간의 집중교육을 받으면 일반적인 업무를 큰 어려움 없이 수행할 수 있음.
3+	51～60	초중급 수준의 의사소통 능력을 보이며, 장기간의 집중교육을 받으면 약간의 어려움은 있지만 한정된 분야의 업무를 수행할 수 있음.
3	41～50	초급 수준의 의사소통 능력을 보이며, 장기간의 집중교육을 받으면 다소 미흡하지만 한정된 분야의 업무를 대체로 수행할 수 있음.
4	0～40	해당언어에 대한 단편적인 지식만을 갖추고 있어 의사소통에 어려움이 있으며, 장기적인 기초교육이 필요함.